MELHOR TEATRO

DESCIDA AOS INFERNOS

"Grande miséria é deduzir daquilo
que é aquilo que se deve fazer"
(KANT)

"Mestre Zagaia é olho do povão lesado da sociedade.
O farol dos ignorantes e dos miseráveis"
(PLÍNIO MARCOS)

Jean-Paul Sartre, em *Qu'est-ce que la littérature?*, foi o primeiro a proclamar a necessidade que tinham os escritores da geração pós-Hiroshima e Auschwitz de produzir uma literatura de situações extremadas por terem eles convivido com esses "sóis negros". Diante de sua luz irrefutável os valores extinguiam-se e se ainda conservavam algum brilho era à maneira de astros mortos cuja claridade continua a nos chegar muito tempo após haverem desaparecido. Já em 1938 dissera estar convencido de que nenhuma arte podia realmente ser atual se não restaurasse o "brutal frescor do acontecimento, sua ambiguidade, sua imprevisibilidade..." e, mais, textualmente escrevia que "queremos agarrar nosso público pela garganta: seja cada personagem uma armadilha, seja o leitor apanhado nela e seja ele arremessado de uma consciência para outra como de um universo absoluto e irremediável para outro analogamente absoluto: fique ele incerto sobre a própria incerteza dos heróis..."

Da filosofia e da práxis sartreana eclodiu *Huis-clos* em 1944, precursora de um antiteatro que *A cantora careca*, de Ionesco, em 1950, e *Esperando Godot*, de Beckett, em 1953, vieram consagrar. Batizados, por Martin Esslin, entre outros, de "teatro do absurdo", caracterizavam-se sobretudo por suprimir certos elementos que são considerados tradicionalmente constitutivos do "teatro". Desaparecem a intriga, o tempo e o lugar constituindo os verdadeiros agentes do drama, surge o leit motiv da decadência humana, da solidão, da crueldade, ou, antes, da maldade fundamentada sobre um sentimento de impotência (exemplo paradigmático, a relação Lucky-Pozzo em *Godot*) — e que é representada em *Huis-clos* pela exasperada tortura mútua que justifica o célebre *slogan* da peça: "L'enfer, c'est les autres" ("O inferno são os outros"). O tema da morte é também invocado — ou subentendido — incessantemente.

Apenas na linguagem *Huis-clos* conserva-se totalmente alheia ao antiteatro na medida em que não a demole catatonicamente, pelo contrário, apresenta diálogos de total coesão que constituem, aliás, os verdadeiros instrumentos do inferno sartreano.

Como substrato e consequência dessa revolução estética, preconizava-se nos assim chamados existencialistas a necessidade de uma arte "engajada" politicamente, que ousasse "sujar as próprias mãos" na concretude da História.

À semelhança desse teatro, vemos em Plínio Marcos avultarem os temas da solidão e da decadência humana, do círculo vicioso da tortura mútua, da absoluta falta de sentido nas vidas degradadas, do beco sem saída da miséria e da violência, da morte como horizonte permanente. Ao contrário desse teatro, os diálogos de nosso autor nascem colados à ação e conduzem céleres a intriga para o desfecho trágico.

Plínio Marcos não era, também, explicitamente "engajado", embora sua obra fosse a mais revolucionária entre todas as assumidamente militantes de seus contemporâneos. Nas décadas de

1950 e 1960 estávamos todos imbuídos pela crença inabalável no poder de fogo do teatro de mudar os rumos da história: ele próprio, o teatro, já se transformara além e aquém mar, repensando forma, técnica, linguajar e conteúdo. Na França, nossa referência cultural mais forte à época, vimos que o humus filosófico-existencial das transformações deve muito à influência sartre-camusiana, ao lado do bruxo Artaud. Nestas plagas, mais precisamente a partir da encenação seminal e inovadora que Ziembinski fez em 1943 de *Vestido de noiva*, quando os diálogos extraordinariamente coloquiais de Nelson Rodrigues preparavam o caminho para a revolução que o Teatro de Arena faria, década e meia depois, ao instaurar de vez no palco a temática e o modo de falar brasileiros, que tiveram como corolário uma maneira nativa de interpretar.

Quando Paulo Mendonça, professor de História do Teatro Grego na Escola de Arte Dramática (EAD), adentrou nossa classe de segundo anistas nos idos de 1959, entusiasticamente anunciando o nome de Plínio Marcos como o de um dramaturgo que subvertera todos os limites dos textos teatrais até então conhecidos ao instaurar no palco a ação movida à força da linguagem mais brutal e chula, totalmente justificada pelo tema — uma curra na prisão —, quedamo-nos todos ávidos de curiosidade.

Na EAD vivíamos ainda o clima de euforia nacionalista dos últimos anos JK, do surgimento da bossa-nova, do cinema novo, mesclada à percepção da injustiça social da "geografia da fome" que certa literatura, a filosofia e a sociologia uspiana e o cinema neorrealista italiano inspiravam e, bem mais próximo da nossa sede na Rua Maranhão, o Teatro de Arena já denunciava veementemente com *Black-Tie*, de Guarnieri, que inaugurava no palco o protagonismo da classe operária.

Ao mesmo tempo em que "puxávamos uma angústia metafísica" nas idas à Livraria Francesa, impregnando-nos da "náusea" sartreana ante um universo estrangeiro e estranho onde a existência — um nada a se construir em atos do aqui-agora — precedia uma essência que não existe — dupla negação —, travávamos conhecimento com as questões fundamentais que de Ésquilo a Shakespeare, de Calderon a Kleist, atravessaram os séculos e as cenas do teatro do mundo, com algumas repercussões no nosso Teatro Brasileiro de Comédia (TBC) e nos nascentes Arena e Oficina, na fase pré-nacionalista.

Alfredo Mesquita, o mestre pioneiro, trouxera ao Brasil Beckett (Godot em 1955), Kafka, Prévert, Brecht, Ghelderode, Obaldia, Boris Vian, Tardieu, Adamov, Ionesco, Albee (1962), Pinter e tantos outros autores da dita "vanguarda". Na mesma EAD o aluno Jorge Andrade inaugurava com *O telescópio* a saga mineiro-paulista de raízes rurais e Roberto Freire o "teatro da compaixão" com a dupla de excluídas de *Quarto de empregada* (1958)

Alberto D'Aversa, ao encenar conosco *Desabamento no Ramal Norte*, de Ugo Betti, introduzia-nos na problemática aguda da profunda injustiça que permeava — e continua a permear — os mecanismos sociais d'aquem e d'além mar.

Ao norte, Hermilo Borba Filho, Osman Lins, José Carlos Cavalcante Borges, entre outros, vasculhavam a realidade da seca, do sertão e dos engenhos, enquanto Suassuna estabelecia através de seus autos geniais pontes com a Idade Média, sobre os fortes pilares do cristianismo e das tradições armoriais.

De tudo éramos informados. Estávamos, portanto, atentos ao espírito do tempo. Foi quando em 1959, em Santos, no 2º Festival de Teatro do Estudante, que o carisma de Pagu conseguira realizar com a presença de 1.200 teatrantes — entre os quais nós, da EAD, com o *Canto para Ignácio Sanches Mejías*, de Lorca —, explodiu a notícia de um texto que Paschoal Carlos Magno, o patrono dos Festivais, considerava genial.

Levado uma única vez no Centro Português de Santos — após ter sido censurado e liberado — teve por destino ser o maior sucesso de escândalo de nosso teatro em todos os tempos e imediatamente proibido durante 21 longos anos.

Tratava-se de *Barrela*, que Paulo Mendonça nos anunciara.

Cumpre assinalar a importância de sua "madrinha de pia", Patrícia Galvão, para a eclosão desse que agora, no XXI, já podemos definir como dos maiores dramaturgos do século XX, no país.

Pagu, essa "passionária" cabocla, "livre na imaginação, no espaço e no tempo", "o anjo anárquico que veio ao mundo para nos inquietar" — no dizer do próprio Plínio Marcos —, a normalista fascinante que embarcou na aventura modernista na carona do ultratransgressor Oswald de Andrade, que fez de sua vida atribulada um hino à liberdade sem peias nem dogmas (o que lhe valeu prisão e tortura aqui e em Paris), a incensada e a incompreendida no mais das vezes, abriu para Plínio as portas do teatro, ao apresentar *Barrela* a Paschoal no 2° FTE. Soube também puxar a orelha do neoautor quando ele, saturado de ouvir leituras do "teatro filosófico" (Beckett, Arrabal etc.) em casa dela e de Geraldo Galvão Ferraz, ousou um Godot caboclo. *Os fantoches* foi impiedosamente criticado por Pagu em *A Tribuna*. Mas *Barrela* teve nela a mais entusiasta apóstola, não sem razão.

É no *Huis-clos* mais sórdido, é no 7º círculo do inferno mais abjeto, é no porão da abjeção moral mais abissal, é na teia da violência física mais brutal que se movem as personagens de Plínio Marcos, catadas "nas quebradas do mundaréu, onde o vento encosta o lixo e as pragas botam os ovos". A lupa realista de um olhar contundente beira o expressionismo quando após o crescendo das ações concretas, reiterantes, exaustivamente repetitivas, estala o conflito, encenado como uma dança macabra. Em *Barrela*, como em *Dois perdidos...*, em *Navalha na carne*, em *O abajur lilás* ou em *Querô*, peças escolhidas para exemplificar a descida aos infernos, característica da obra de Plínio Marcos, mas não apenas nessas peças, o conflito existe agudíssimo desde a primeira cena, beirando o insuportável no desenlace que é sempre brutal e acelerado.

Em *Barrela*, a noite trágica da "curra" do "garoto" na cadeia, narrada em ritmo vertiginoso, desvendando-se os caracteres em cenas e falas sintéticas e paradigmáticas, quando o passado miserável de cada um dos sete personagens é desvendado, explicando o presente sórdido e violento.

Nada discursivo, no entanto, sempre a partir de falas e ações concretas, resultando a compreensão daquele submundo tanto do que é visto e ouvido em cena como das entrelinhas, das hesitações, das carências subentendidas, dos avanços e reações aparentemente gratuitas mas psicologicamente embasadas. "Bereco", "Portuga", "Tirica", "Bahia", "Fumaça", "Louco" e "Garoto" revelam-se sem explicar-se, numa característica pliniana de profundo *insight* das motivações do comportamento humano. Na crueldade sem causa, na gratuidade do ato violento, reside o choque e também o enigma da obra.

À época, a peça destacava-se por ser curta e certeira, como um soco no estômago, recheada de palavrões e de violência, provocando na plateia reações apaixonadas. Os diálogos eram verazes até a medula, nada havia de postiço naquele linguajar inauditamente chocante que parecia brotar das entranhas das personagens no momento mesmo de sua enunciação.

Nos "valores" do submundo de *Barrela* e de *Dois perdidos...*, jazem as sementes do *Carandiru*, de Drauzio Varella, da *Cidade de Deus*, de Meireles, da qual *Querô* é o antecessor mais legítimo. Fatos que confirmam Plínio Marcos como o profeta do apocalipse atual, aquele que clamava no deserto de nossa indiferença, apontando para os excluídos, os miseráveis, os sem-nada.

São peças que, lidas, atingem o leitor como estilete: ao mesmo tempo em que provocam repulsa, despertam uma angústia solidária, a necessidade urgente de intervenção. O terror e a piedade da catarsis aristotélica, no grau mais absoluto.

Diálogos exatos, crus, ferinos, explosões de ódio e violência incontidos, humilhações, provocações sadomasoquistas, rastejamento abjeto de humilhados e ofendidos, tentativas de reação abortadas pela dependência visceral que se estabelece entre algozes e vítimas, que se revezam na função de carrasco, quando o mundo é um túnel sem saída, sem perspectiva, tumular.

Relações de poder estabelecidas confusamente naquele emaranhado de seres ignorados pelos "cidadãos contribuintes", uma fauna de alcaguetes, prostitutas, homossexuais, cafetões e cafetinas, policiais corruptos, prisioneiros, assassinos, loucos, débeis mentais, meninos abandonados (cantados por Plínio Marcos na trilogia do *Inútil pranto para os anjos caídos*). Seres que ele joga à presença do espectador sem qualquer cortina de fumaça. Personagens que pirandellianamente o perseguem, martelando-lhe a cabeça na vontade incontida de terem vida no palco, como ele mesmo declara.

Os dois atos de *Dois perdidos numa noite suja* passam-se num "quarto de hospedagem de última categoria", simbolizando o "entre quatro paredes", característico das outras peças. "Tonho" — interiorano, com casa, mãe e pai na Minas Gerais longínqua — acredita poder sair do gueto da miséria; "Paco" — criatura que oscila entre a loucura e a maldade lúcida — não tem saída, nem origem. Já na primeira cena estala o conflito num diálogo bárbaro que faz progredir a ação com a força desenfreada do instinto animal. Ambos põem em objetos a única chance de sobrevivência: para "Tonho", a vida digna, decente, depende de um par de "pisantes" novos (sapatos) que lhe possibilite candidatar-se a um emprego; "Paco", com uma flauta roubada ganharia alguns trocados; ele encarna o mal absoluto, embrutecido até o âmago, definido pela fala de "Tonho": "Você deve ter levado uma vida desgraçada pra não acreditar em ninguém".

A peça desce num espiral de violência verbal até o âmago da miséria, moral e física. "Paco" encarna os diabos do inferno, nocauteia "Tonho" da primeira à última cena quando é nocauteado por sua vez, definitivamente. Numa inversão súbita, "Tonho" incorpora a personalidade insana do outro, assumindo suas características sádicas. É tal a virulência dos ataques de "Paco" que a revolta de "Tonho" parece justificada. Plínio Marcos elabora um teorema perfeito da vinculação da violência à miséria. *Dois perdidos...* é xeque-mate. É CQD. Não por acaso D'Aversa considerou-o "sem dúvida a peça mais inquietante e viva destes últimos e anônimos anos de teatro brasileiro", "obrando uma transferência do problema social para o existencial, numa nova dimensão que, ao mesmo tempo é avanço e indicação de liberdade".

Décio de Almeida Prado aponta para a "solidão", tema recorrente em Plínio Marcos, como o fator que une "dois farrapos humanos ligados por uma relação complexa", "intercâmbio de pequenos sadismos", e considera a "linguagem da peça tão suja quanto a noite que envolve as personagens..." mas que não poderia ser abrandada porque "a gíria e o palavrão, em casos como este, passam a ser a própria forma de pensamento".

Barbara Heliodora considera-a "uma das obras mais pungentes e poéticas que têm aparecido na dramaturgia nacional, na qual não existe uma só palavra que não contribua para a composição geral da imagem, e que a ela não se integre".

Alberto D'Aversa, desde o nascedouro de *Dois perdidos...* até a morte prematura do diretor, e Sábato Magaldi, desde sempre e até agora, foram os críticos que mais apoio deram à dramaturgia de Plínio Marcos, que mais profundamente estudaram sua trajetória. Como também Sábato Magaldi havia declarado, no antigo *Diário Carioca*, a absoluta originalidade e importância da obra de Nelson Rodrigues, enfatizando a introdução na cena brasileira da linguagem da rua, "com a admirável ressonância" do falar cotidiano, da gíria, era plausível que esse crítico estabelecesse imediatamente o parentesco entre os diálogos dos dois autores, influência, aliás, reconhecida pelo próprio Plínio.

Sábato ressalta, ainda, a densidade dramática de um ficcionista privilegiado, que faz Plínio Marcos dar às suas personagens "a verdade de nosso submundo, desde o corte psicológico à linguagem crua". Ressalta o poder do diálogo que, "como um torniquete, espreme a situação até o desfecho trágico, preparado exaustivamente para que se tornasse verossímel".

Qualidades de um autor que, fiel a si mesmo, atravessou os "anos de chumbo" da repressão, batendo na mesma tecla, embora "calado", oficialmente, escrevendo furiosamente com sua "raiva" e indignação de "repórter de um tempo mau".

Apresentado pela primeira vez em 1966 no "Ponto de Encontro", barzinho da Galeria Metrópole, com Ademir Rocha como "Tonho" e Plínio Marcos como "Paco", contou com seis pessoas na plateia, entre elas Alberto D'Aversa e Roberto Freire.

Já no programa do espetáculo do Grupo União, Paulo Mendonça — que dirigira na EAD, em 1962, *Zoo Story* com o mesmo Ademir Rocha e Edgar Gurgel Aranha —, assinalou algumas associações inevitáveis entre os dois textos: "A mesma atmosfera sufocante, a mesma amargura fundamental, o mesmo mundo sem horizontes e sem soluções, o mesmo vazio denso de sofrimento, de frustração, de azedume, um vazio, se me permitem a contradição, espesso, abafado, opressivo, no qual as personagens se movem às cegas, abandonadas como num aquário de águas turvas".

Cumpre registrar que o Grupo União apresentava no Teatro da Rua um espetáculo duplo, justamente com *Dois perdidos*... e *Zoo Story*.

O fato é que Plínio, embora tenha partido de um conto de Moravia e mesmo possivelmente tendo tido conhecimento do texto de Albee em 1962, introjetou tais influências do modo mais antropofágico, dando à luz uma obra coesa, autêntica, que sofreu desde sempre as consequências de sua unicidade: ineditismo de personagens e de temas, enfocados sem mediação, flagrados na realidade com raiva e denúncia jamais vistas, à força de um linguajar absolutamente fiel aos guetos de onde brotava; linguajar que é gemelar à virulência, crueldade e velocidade da ação que se desenrola em cena. Gíria o mais verídica impossível, código exclusivo daqueles subterrâneos, mas também marca de um estilo único na dramaturgia brasileira.

As análises de Paulo Mendonça e de todos os críticos citados no programa do Arena são aplicáveis a *Barrela* e às demais peças do autor, que escrevia com "som e fúria" para ser em seguida paulatinamente censurado.

Nas duas peças seguintes, *Navalha na carne* e *O abajur lilás*, Plínio Marcos introduz personagens femininos que já fazem parte de nossa literatura dramática e são alvo de estudos e teses em universidades nossas e do exterior, a par da saga masculina de seus primeiros trabalhos. Elas são as vítimas da vez nas histórias das quebradas, mas interagem de modo igualmente predador.

O que está no palco? Cafetões, assassinos, traficantes, drogados, escória das escórias, das docas, das zonas, dos bordéis, dos bares, que Plínio Marcos conheceu a fundo no ziguezaguear pelos becos santistas — sequer são personagens do *lumpenproletariat* brechtiano, que ao menos sabiam da própria abjeção, mas os marginais mais absolutos, aqueles que não têm voz, nem vez.

Na roda-viva da agressividade total não se salva ninguém, são todos contra todos, num revezamento feroz de agressões, traições, botes e dissimulações. Não há santos, aparentemente são todos demônios. Plínio Marcos dizia-se um contador de histórias com princípio, meio e fim (conforme entrevista com Edla van Steen) e era bom nisso como poucos em nossa dramaturgia; aristotélico, sem que isso o preocupasse minimamente, mas por intuição. Esquadrinhava suas criaturas como o ourives contempla as facetas do prisma, fazendo-as retornar sempre e sempre ao mesmo bordão de desesperança, frustração e ira, as palavras martelando como o gotejar da chuva no telhado, ao ponto da exasperação. De vez em sempre dá-se um salto abrupto no inter-relacionamento feroz das personagens, quando alguém de predador vira presa, num jogo alucinado de poder e de amesquinhamento que — remetendo embora à metáfora de situação social mais ampla — não deixa de ser cruel ao extremo, latejando no aqui e agora do palco e da vida. Nada de distanciamento brechtiano, não são parábolas que conta Plínio Marcos — é "a vida como ela é" de Nelson Rodrigues.

O bordel é tema por excelência dos romances realistas e naturalistas (Zola e Aluísio Azevedo que o digam), mas nunca suas criaturas pisaram os palcos tão despudoradamente, a linguagem brotando do antro mesmo em que se inscreve, colada à ação. Não há reivindicação política alguma explícita nas peças dos primeiros anos (reivindicação que surge na fala final da "Professora" de *A mancha roxa*, por exemplo, ou na apóstrofe do "Repórter" no epílogo de *Querô*).

O triângulo de *Navalha na carne* — com "Neusa Sueli", a prostituta, "Vado", o cafetão, e "Veludo", o criado homossexual — é tão intrincado e exasperador que mereceu de Décio de Almeida Prado o epíteto de o "Huis-clos dos pobres", com três pessoas se estraçalhando mutuamente por um "pico" de maconha, por um punhado de notas amarfanhadas de michês, dentro de um espaço fechado. Definiu a peça como "um teatro da crueldade em estado bruto tal como a encontramos na realidade".

O quinteto de *O abajur lilás*, como o triângulo de *Navalha na carne* ou os demais protagonistas das peças de Plínio Marcos trazem à luz as verdadeiras causas da perpetuação das situações atentatórias à moral e aos bons costumes e por isso foram banidos dos nossos palcos anos a fio.

Já escrevi no prefácio de *O abajur lilás* (ecoando um telex que em nome da APCA e seus 130 sócios enviara ao general-presidente de plantão em defesa da liberação do espetáculo em 1973) que as circunstâncias fizeram de *O abajur lilás* mais do que uma simples peça, uma bandeira. Ao defender sua liberação nos palcos nacionais, era a própria liberdade de expressão, condição primeira da criação artística, que defendíamos. Em consequência, outorgamos, em 1973, a Plínio Marcos o prêmio pela "obra conservada inédita" (eufemismo para "censurada"), tendo sido o autor delirantemente aclamado no auditório do MASP, conforme relato seu em crônica da *Última hora*.

Quando em 1968 a censura tornou-se tão feroz que somente passavam pelo seu crivo os textos nebulosos, alegóricos, no mais das vezes incompreensíveis para o grande público, de linguagem cifrada para poucos entendedores detentores de senhas ocultas, Plínio Marcos jamais tergiversou. Como um touro indômito investiu ininterruptamente contra o paredão da arena à custa de não ser mais encenado, escorraçado de qualquer lugar que lhe garantisse uma sobrevida como comunicador — imprensa, rádio, TV, cinema, circo. Era o "perigo", aquele cujas palavras tinham o poder de abalar estruturas, costumes, regimes. Aspectos estéticos à parte — ninguém punha em dúvida o valor artístico de textos, cujas personagens de carne e osso remetiam, entre outros, aos humilhados e ofendidos dostoievskianos, à ralé de Gorki, aos párias de Zola —, qual a lógica de escamotear do público o conhecimento de uma verdade tão brutal? Se em *Navalha na carne* a protagonista chega a duvidar de que é gente — e nesse momento a tristeza maior do mundo invade a plateia —, se em *O abajur lilás* as personagens percorrem uma trajetória da mais abjeta degradação física e moral — e ao lê-lo e vê-lo é a revolta pela existência dessa miséria que nos invade, e ainda uma enorme tristeza —, perguntava eu então a quem de direito: — Por que a proibição da obra de Plínio Marcos?

E apontava a chave desse enigma como residindo justamente na raiz da dramaturgia do autor: ela mostra como "gente" aqueles que normalmente são considerados "marginais". E ao responder a Neusa Sueli em *Navalha*... que ela é gente, sim, Plínio Marcos lança no ar um desafio imenso à nossa obrigação moral e cívica de tratá-la como tal. Isso implica em reavaliação de toda uma estrutura social e em compromisso de transformar essa estrutura, que ao nosso imediatismo não interessa questionar, que à nossa inércia comodista de avestruz não interessa abalar, que à nossa covardia não interessa denunciar. "E ainda nos dizemos cristãos!", terminava assim meu prefácio. Como se sabe, na fase posterior de sua dramaturgia — nos anos 1980 e 1990 — o autor voltou-se para as soluções místicas, tendo inclusive posto em cena um Cristo-homem, talvez desiludido com as providências humanas...

As peças de Plínio Marcos continuam mais atuais do que nunca.

A sanha predadora dos enclausurados do bordel de "Giro" — o homossexual apavorante que exerce um poder sem limites — funciona como metralhadora giratória que abate as próprias prostitutas que a manejam. Esplendidamente caracterizadas, "Célia", "Dilma" e "Leninha" são figuras emblemáticas de uma sujeição irremediável que leva à tortura e à morte. Somente em "Dilma" vemos resquícios de humanidade ao defender o filho ausente, criado alhures, que ela sustenta com o suor do seu corpo. É a leoa defendendo a cria. Mas a profunda solidariedade humana do autor que ressuma desse quadro de horror é a mesma que nos faz torcer por "Querô", o menino-bandido, cujo apelido remete ao suicídio por ingestão de querosene da mãe "Leda", no bordel de "Violeta"; que é criado pela cafetina sádica que o explora e o espanca; que passa pela escola do crime dos reformatórios; que nas esquinas da vida encontra seres de escória: dois policiais de esquadrão, um gringo turista sexual, um alcaguete, "Tainha", e que na cega corrida de gato e rato em que se vê entalado, espera pela morte no fundo de um "mocó", enquanto narra seu calvário ao "Repórter". No romance (Prêmio APCA de 1976) que deu origem à peça, havia um personagem lírico — "Ju", a namorada de "Querô", única janela para o céu nesse universo escuro — que o autor suprimiu na adaptação teatral, endurecendo-a, conservando como personagens positivas apenas

"Leda", a mãe suicida, a prostituta de nome "Ju" e o "Repórter" — porta-voz do autor que na fala final preconiza a cobrança futura às ofensas praticadas contra a dignidade humana. Um corolário à litania dos contrários que "Leninha" entoa no epílogo de *O abajur lilás*:

> Para o santo, a forca
> Para o profeta, a cruz
> Para o condutor, a bala
> Onde vamos?

Isidoro Blikstein, em brilhante análise semiológica do romance em *Contexto* de março de 1978, aponta para o humanismo latente em "Querô", que, após ter assassinado "Zulu", — o alcaguete traficante — muda os termos da linguagem com que a ele se refere.

Essa latência, a meu ver, permeia toda a obra de Plínio Marcos, imprimindo-lhe ressonância ética ímpar.

Ilka Marinho Zanotto

PEÇAS

BARRELA

(Peça em um ato)

Personagens

BERECO
PORTUGA
TIRICA
BAHIA
FUMAÇA
LOUCO
GAROTO
GUARDAS
CARCEREIRO

Prólogo da primeira versão

Atrás desses muros
de tétrico amarelo
atrás dessas grades
de amarga ferrugem
vivem os vivos
que já estão mortos
vivem os homens
que já não são gente.

Por essas janelas
de grade e tristeza
a esperança não entra
não entra a crença
o sol não entra
por essas janelas.

Atrás desses muros
a noite é tão longa
o frio é tão frio.
E são tantos fantasmas
que apavoram os sonâmbulos
que até pesadelo
seria descanso
na noite tão longa atrás desses muros.

Atrás desses muros não há lenitivo.
O sol não entra por essas janelas.

E muitos dos que estão
atrás desses muros
pela honra mataram
e pela fome roubaram.
E agora, atrás desses muros,
são espectros famintos
moralmente mutilados.

Atrás desses muros não há lenitivo.
O sol não entra por essas janelas.

Cenário

Um xadrez onde são amontoados os presos que aguardam julgamento.

(Ao abrir o pano, todos dormem. De repente, Portuga desperta com um pesadelo.)

PORTUGA — Não! Não! Não!

(Todos acordam sobressaltados. Bereco pula de seu beliche para o meio da cela. Os outros, de pé, ficam em posição de defesa. Somente Portuga fica sentado, olhando assustado para os outros.)

BERECO — Que puta zorra foi essa?

BAHIA — Foi esse Portuga de merda de novo.

TIRICA — Quando é que vai aprender a dormir sem fazer zoeira?

PORTUGA — Foi pesadelo.

BAHIA — E o que é que a gente tem com isso?

PORTUGA — Desculpe.

FUMAÇA — Agora não adianta pedir arreglo. Já acordou meio mundo.

PORTUGA — Não fiz por querer.

TIRICA — Disso a gente sabe. Se tu tivesse a cara de pau de cortar a onda de sono que a gente engatou, ia levar tanta pancada que quando a gente te largasse tu ia estar um mingau.

BERECO — Por querer ou não, esse filho da puta me fez perder o sono. Desgraçado, vou te aprontar uma sacanagem que você vai parar na solitária. Lá não vai encher o saco de puto nenhum.

PORTUGA — Poxa, Bereco, livra a minha cara.

BERECO — Livra a sua cara, uma porra! Vou te aprontar. E se ciscar, já sabe: te arrebento de porrada.

FUMAÇA — Tá certo assim. A moçada custa pra se apagar. Quando consegue, aí o sabido faz barulho e acorda a curriola. É o fim da picada. Tem que pegar uma gelada pra tomar um chá de semancol.

TIRICA — Se eu fosse o xerife dessa merda, já viu. Dava o castigo agora mesmo. Não ia ser mole.

LOUCO — Enraba ele! Enraba!

(Todos riem. Portuga fica bravo)

PORTUGA — Fecha essa latrina, seu filho da puta!

BAHIA — Taí. O Louco deu uma dica legal.

FUMAÇA — Boa, Louco.

LOUCO — Enraba, enraba!

PORTUGA — Mas que é? Vai parar com essa onda ou vou ter que te dar uma pancada na moleira?

TIRICA — O Louco está por dentro. Tu acordou meio mundo, agora vai servir de esparro.

PORTUGA — Corta essa.

BAHIA — Não. O Louco até que é legal.

PORTUGA — Me esquece.

LOUCO — Enraba, enraba!

PORTUGA — Vou te arrebentar, louco de merda!

BAHIA — Não vai arrebentar ninguém.

PORTUGA — Vocês estão me estranhando?

TIRICA — Vamos te enrabar.

PORTUGA — Vão gozar a cara da puta que os pariu.

FUMAÇA — Ai, como ela está nervosinha...

PORTUGA — É melhor parar com esse sarro.

BAHIA — Que sarro, meu bem? Ainda nem te agarramos.

PORTUGA — Ai, meu cacete.

FUMAÇA — Vai entrar em vara, boneca!

PORTUGA — Eu azaro um, estou avisando.

BAHIA — Vai bancar o macho?

(Bahia passa a mão no traseiro do Portuga, que se esquiva e fica de costas para Tirica, que lhe dá uma chinchada.)

TIRICA — Oi, rabão!

(Portuga pula longe.)

FUMAÇA — *(Passando a mão em Portuga.)* Minha vez!

(Portuga fica nervoso, vira-se rápido e ameaça dar um soco em Fumaça.)

BAHIA — *(Chinchando Portuga.)* Vou me tratar!

PORTUGA — Que é isso, gente? Estão me estranhando?

TIRICA — Vai ser boi de bico, não tem por onde.

LOUCO — Enraba, enraba!

PORTUGA — Sai dessa dança, senão te mato.

FUMAÇA — Não vai matar ninguém.

TIRICA — Vamos te passar nas armas.

LOUCO — Enraba, enraba!

BAHIA — Sem vaselina.

LOUCO — Enraba, enraba!

BAHIA — Campana o bruto, moçada!

TIRICA — A hora é essa.

(Todos começam a cercar Portuga e a passar a mão nele. Portuga pula de um lado para outro. Está apavorado.)

PORTUGA — Me deixa! Me deixa!

LOUCO — Enraba, enraba!

TODOS — Enraba, enraba!

(Bereco, que estava encostado na cama só espiando o lance, vai ficando invocado até não aguentar mais. Então, com fúria, ganha o meio da cela e empurra Portuga para o canto, encarando os outros.)

BERECO — Chega de gronga. Chega, tá bom?

(Todos param de rir.)

BERECO — Vocês me dão nojo. *(Cospe no chão.)* Me dão nojo! São todos uns filhos da puta. Uns merdas. Mas ou vocês entram na minha, ou vai ter lenha. Que preferem? *(Pausa.)* Podem escolher. Tem briga pra todos aqui. *(Pausa.)* Nojentos! Ninguém é de porra nenhuma. São doidos por um enxame. Tá bom... Só que tem um porém: se querem zoeira, vai ter. Boto pra quebrar. Estão avisados.

TIRICA — Era só gozação.

BERECO — Vai gozar a cona da mãe. Aqui quero sossego, tá?

BAHIA — Tá certo, você que manda. É o xerife.

FUMAÇA — Falou, tá falado.

TIRICA — Poxa, Bereco, segura as pontas. Ninguém estava a fim de te azucrinar.

BERECO — Vai se espiantando, então.

(Cada um vai indo pro seu canto.)

BERECO — Porra, enquanto não acerto o passo de um, não dão folga.

(Portuga aproxima-se de Bereco.)

PORTUGA — Obrigado, Bereco.

BERECO — Desencarna, tu também.

(Bereco empurra Portuga, que sai humilhado. Todos riem.)

BERECO — Qual é a graça?

TIRICA — Nada.

BERECO — Tá se abrindo por quê, então?

FUMAÇA — É do Portuga. É loque. Trouxa pacas.

BERECO — Você é malandro?

FUMAÇA — Eu? Eu, não! Estou em cana toda hora. Que vivaldice é essa? Malandro é o Tirica. Lanceiro, tal e coisa.

TIRICA — Quem, eu? Eu sou o maior papagaio enfeitado, maruja. Só entro em fria.

BERECO — E tu, Bahia, tem malandragem?

BAHIA — Que nada, meu bom. Sou de coisa nenhuma. Vim parar aqui por engano.

BERECO — Tá bom. Todos cavalos. Mas gostam de fazer embaixada pra cima dos outros.

BAHIA — Pra passar o tempo.

FUMAÇA — Claro. Se a gente não tira um barato, não dá pedal.

BAHIA — Dormir é letra. Mas, cada vez que a gente se apaga, o Portuga acorda a gente. E daí? Você dá força pra ele, né? A gente não pode fazer ele se tocar, que ele está por fora mesmo. Então, temos que arranjar uma bototа qualquer, pra levar pra frente.

PORTUGA — Vocês são ondeiros mesmo. Eu não tenho nada com isso.

TIRICA — Você, não. Poxa, quem falou que a culpa é tua? Quem? A culpa é do fantasma da tua mulher, que vive te assombrando. Ela é que tem culpa. Não tem nada que vir pegar no teu pé.

PORTUGA — Isso é... é remorso.

TIRICA — *(Com desprezo.)* Conversa, cutruco. Ela te corneava com Deus e o mundo. Despachou ela e tá certo. Não tem nada que se aporrinhar e encher os bagulhos dos outros.

BAHIA — Agora, se quiser curtir dor de corno, pode. Mas baixinho, que ninguém está aqui pra te aguentar.

PORTUGA — Pensa que eu sonho com ela porque gosto?

BAHIA — Não penso nada. Só sei que o Bereco também tem morte no lombo e não faz zoeira quando dorme.

PORTUGA — Ele é ele, eu sou eu.

TIRICA — Porra, e daí?

PORTUGA — Quero dizer que cada um tem seu jeito.

TIRICA — Claro que o Bereco é o xerife. Cara pra frente! E tu é uma bosta, corno manso e tudo.

PORTUGA — Se eu fosse corno manso eu não apagava aquela vaca.

TIRICA — Apagou sem querer. Sempre foi cavalo, corno satisfeito. Tá na cara. Teu nome podia ser Cornélio.

(Todos riem.)

PORTUGA — Cornélio é a mãe.

TIRICA — Não mete a mãe nisso.

PORTUGA — Então não me torra.

TIRICA — Que tu quer? Corno só pode ser esparro.

PORTUGA — Sei. Agora, se dou tua ficha, já viu quem vai ficar de pele de tambor.

TIRICA — Eu nunca fui corno.

PORTUGA — Foi pior.

BAHIA — Opa, opa! Racha essa com a gente.

FUMAÇA — Entrega o Tirica pra nós.

PORTUGA — Deixa pra lá. Ele sabe onde toquei.

TIRICA — Sei de nada, não.

PORTUGA — Sabe, sabe sim.

BAHIA — Dá o serviço, Portuga.

PORTUGA — Pra quê? Não vou sujar a barra do rapaz.

TIRICA — Rapaz, o cacete! Tenho mil anos de putaria.

PORTUGA — Engodo, Tirica. Mas não gruda. Perto de mim, não. Perto de mim tu é um Zé Mané.

BERECO — *(Ele já está deitado.)* Esse papo está ficando esticado. Estou querendo dormir.

BAHIA — Segura as pontas aí. Vamos levar de leve. *(Pausa.)* Vai, Portuga, entrega o Tirica.

PORTUGA — Pra quê? Não disse nada.

FUMAÇA — Abre o jogo de uma vez.

TIRICA — Que jogo, compadre? Ele está deschavando. Não se fragou de primeira? É só a gente tocar no negócio de corno, ele pula fora. Daí começa a dar voltas.

PORTUGA — Se cuida, me trata com cuidado. Eu posso contar tua história, tu sabe que tem. Daí não vai gostar.

TIRICA — Mas que história? Manjo essa linguada.

PORTUGA — História triste a dele, meu povo. E eu estou por dentro. Uma negrice que vou te contar!

BAHIA — Porra, então conta logo de uma vez.

PORTUGA — Pede pra ele. Ele sabe melhor do que eu.

FUMAÇA — Ele esqueceu. Conta você.

PORTUGA — Pode contar?

TIRICA — Sei lá. Não tenho história nenhuma.

PORTUGA — Aquela lá que te aprontaram no reformatório.

TIRICA — (*Não gosta.*) Tu sabe de porra nenhuma. Quando puxei aquela, sabe onde tu andava? Tu andava espiando buraco de fechadura, pra ver com quem a tua mulher, aquela galinha sem calça, te passava pra trás.

PORTUGA — Tá bem, malandro. Você pediu.

FUMAÇA — Mete ficha logo.

PORTUGA — Outro dia, fui apanhar sol lá no pátio e o Morcego me deu a dica. Só não escutou quem não quis.

TIRICA — Que Morcego?

PORTUGA — Aquele do xadrez três.

TIRICA — Não manjo Morcego nenhum.

PORTUGA — Tu não se lembra? Ele puxou uma junto com você, lá no reformatório.

TIRICA — Lá não tinha porra nenhuma de Morcego.

PORTUGA — Tinha. E tu sabe que tinha. Sabe bem. Ele até disse que outro dia tu se encarou com ele, no pátio, e fingiu que não viu.

TIRICA — Mas que Morcego, que nada!

PORTUGA — Tá bom. Deixa andar que tu já lembra dele.

BAHIA — Vai em frente. Já estou sentindo o cheiro, mas quero escutar o plá desse Morcego.

FUMAÇA — Já vi tudo.

PORTUGA — Então, se manca. O tal de Morcego era o fanchona lá no reformatório. E passou aí uns e outros na cara.

TIRICA — Tu é doido.

FUMAÇA — Chiii, essa é da pesada!

BAHIA — Essa é pra entortar mesmo.

TIRICA — Esse filho da puta está sacaneando. Não tem Morcego, porra! Tá na cara que esse corno quer me entrutar.

PORTUGA — Não tem Morcego? Ele falou que prova no teu focinho, tá bom? Ele prova.

TIRICA — Mande ele vir.

FUMAÇA — Amanhã no pátio a gente pergunta.

BAHIA — Mas eu aposto no Morcego.

PORTUGA — O cara jura que se serviu.

FUMAÇA — E deve ser. Que tu acha? Alguém ia inventar um troço desses?

BAHIA — É. Sou Morcego nesse lance. O Tirica nunca me enganou.

TIRICA — Vai se danar! A gente vai provar. Se o cara tirar o loló da seringa, eu te apago, Português corno de merda.

PORTUGA — E se for papo firme?

TIRICA — É mentira!

PORTUGA — Mas e se for verdade?

TIRICA — Eu apago ele.

PORTUGA — Não, poxa! Apaga, não!

BAHIA — Se for firmeza, tu tem que dar pra nós.

FUMAÇA — Assim é que é, pombas! Tamos aqui, mesmo xadrez... Vamos cobrir a bichinha.

TIRICA — Bichinha, o rabo da mãe.

FUMAÇA — Vai dar? Tem que dar.

TIRICA — *(Mostrando o próprio saco.)* Aqui pra vocês!

FUMAÇA — Tá combinado. Se o Morcego, fanchonão de pivete

de reformatório, disser que comeu, não tem por onde. Vai entrar em vara.

TIRICA — Eu ferro esse merda.

BAHIA — Vai dar uma chave de rabo nele?

(Todos riem.)

FUMAÇA — Mas diz pra nós, Portuga. Como é que saiu o papo do passado do bichinha?

PORTUGA — À toa. A conversa era de quem traçava quem, sabe como é, né? A moçada estava na boa, tudo jacarejando no sol. A vida é mansa. Não tem trabuco nem nada. A gente leva no macio, só coçando o saco. Tem que puxar assunto. Daí, saiu esse. E eu carimbei fácil: "Lá no meu xadrez, a gente só vai de mão. O mais maromba sabe se escorar. Cada um tem sua embaixada. É broca e tal, mas é sem remédio. Não tem boi de bico lá." Daí foi que o Morcego jogou areia. Entrou de fininho, como quem joga verde pra colher maduro. Tacou essa: "Que é isso, meu? Vai engomar pra quê? Vocês lá são de come-quieto." E eu cortando o bedelho do cara. Daí ele azedou. Ficou ruim pra mim. O Morcego entrou de sola: "Pra cima de mim, não. Me frago no carteado de vocês. Pelo menos um lá é boneca, que eu sei." Eu pulei, jurei, disse que botaria a mão no fogo por qualquer um daqui, mas ele quebrou a minha com essa: "E o Tirica, é comida de quem?"

(Pausa. Tirica está fervendo de raiva. Todos metem um risinho sacana na cara e tiram o Tirica na pinta.)

FUMAÇA — Tinha muito nego escutando?

PORTUGA — *(Faz gesto com a mão, indicando muitos.)* Tava assim.

BAHIA — Então vai ser um cocô na cueca do Tirica.

TIRICA — Eu mato esse filho da puta.

PORTUGA — Ele, lá. Eu não tenho nada com isso. Só estou vendendo o peixe pelo preço que comprei.

BAHIA — Deixa ela falar. Bichana não morde ninguém. Conta o fim.

PORTUGA — Bom, daí o Morcego me entortou. Eu quis calçar o rapazinho aí, né? Mas o Morcego estava com o trunfo. Foi logo mandando bala: "Esse eu já estraçalhei. Foi lá no reformatório. Era comida do gango todo."

FUMAÇA — Puta merda, a cadeia inteira já está sabendo.

PORTUGA — Claro, tinha uma pilha de gente escutando.

BAHIA — A menininha com um nome do cacete e escondendo o leite pros amigos... Papelão!

FUMAÇA — Que boneca escamosa é essa!

TIRICA — Boneca é a xota da mãe!

BAHIA — Ai, ai! Em vez de ficar cheio de bronca, devia servir os teus cupinchas daqui.

PORTUGA — Pois é. Com um veadinho aí mesmo e nós aqui, no ora-veja.

TIRICA — Isso é mentira! Isso é pura mentira!

PORTUGA — O cara que falou.

TIRICA — Esse Morcego é um sacana. Mas vou meter a colher entre as costelas do miserável. Ele não perde por esperar. E tu também ganha o teu, Portuga, corno de merda. Nada como um dia atrás do outro.

PORTUGA — Veado pode vir a hora que quiser. Tiro de letra.

TIRICA — Então dorme. Te ferro antes do teu fantasma vir te pegar. Juro por essa luz que me ilumina. Vou te apagar.

BAHIA — *(Passando a mão no rosto de Tirica.)* Não fica bronqueada não, menininha.

TIRICA — Vai te danar!

BAHIA — Vai bancar homem pra cima de mim?

TIRICA — Não me enche o saco. Isso é tudo mentira.

PORTUGA — Se é mentira, vai falar com o Morcego. Ele que te caguetou.

BAHIA — Não precisa falar. Eu boto fé na história. O Morcego não ia inventar uma dessa, poxa! Se o malandro chega e bate que "tal e coisa, um cara lá no reformatório andava ali, blá-blá-blá", vá lá. A gente desconfia. Dá um voo pra ver se rende, mas devagar, bem devagarinho, que pode ser chaveco. Presepada brava, pra dois se acabarem na maior pauleira da paróquia. Agora, se o maruja vem e conta que foi ele mesmo, dá o plá: "eu estive ali, eu me tratei, eu mastiguei esse rango, me servi, eu papei, eu mesmo, não outro", aí é barbada. É porque é mesmo. Não é balão pra entrutar ninguém. Não tem por onde. Papou mesmo.

(Pausa. Todos encaram Tirica, que está cada vez com mais raiva.)

FUMAÇA — *(Para Tirica.)* Que me diz?

(Pausa.)

BAHIA — Foi ou não foi?

(Pausa.)

TIRICA — E daí?

(Pausa.)

FUMAÇA — Deu ou não deu?

TIRICA — Mas, que deu? Deu o quê?

BAHIA — O botão.

FUMAÇA — Deu?

TIRICA — E se desse? É meu, dou pra quem quero.

PORTUGA — Então, deu?

TIRICA — Dei. E daí? Que tu tem com isso?

PORTUGA — Nada. Só que acho que os amigos também são filhos de Deus.

TIRICA — Vai à merda! Amigos... Amigos a puta que pariu!

BAHIA — Deixa ela em paz, Portuga. Deixa pra mim. (*Pausa.*) Como foi o lance com o Morcego, hein, bonequinha?

FUMAÇA — Tu achou ele bonito? Aí se rendeu?

TIRICA — Vai tomar no teu rabo! Não sou de achar marmanjo bonito.

PORTUGA — Então, conta.

TIRICA — Sei de nada, vai à merda! Vai à puta que te pariu! Vai te danar!

(Pausa.)

BAHIA — *(Bem sacana.)* Conta. *(Pausa.)* Conta, vá.

TIRICA — Quer saber? Taí: dei. Dei, sim, tá bom? Tá contente? Que vai fazer? Tirar um sarro comigo? Aqui que vocês são machos de me pegarem, aqui! Eu mato o primeiro que se fizer de besta pro meu lado. Já vou escorar dois. Esse fresco do Portuga vai hoje mesmo, é só ele pegar no sono. Não acorda mais. Depois vai o Morcego. Vai. Vai com um ferro de virar tripa, só pra não morrer logo. Tem que sentir dor. Tem que se danar, pra se fragar que os outros também são gente. E não custa mandar mais um pro beleléu, tá bom?

BAHIA — Pra quem senta em touceira, até que está roncando grosso.

TIRICA — Não dei por gosto, não. Eu era pivete, tá? Dei. Mas tem um negócio: não gostei.

FUMAÇA — Do bafo na nuca?

TIRICA — Pois é.

BAHIA — Então deixa pra mim, eu não sou de bufar.

TIRICA — Isso foi há muito tempo, meu bom. Eu era um puta de um cagataco desse tamanho. Não tinha ninguém pra me valer. Pai de merda, mãe de merda. Tudo bosta. Numa dessa, estava aí no virador. Me botaram a mão, fui em galera. E daí? Tem muito malandro guardado. Eu era um carinha à toa, estava por fora dos macetes e os cambaus. Entrei sem milongas. E os papacus estavam tudo lá, nas encolhas, só na boca de espera. Me ferraram. Que podia fazer? Precisava comer. Os mandarins não deixavam. Não deixam, não. Nem eu nem cara que tem mais briga que eu. Os mandarins são uma botota pesada, maruja. Tu, mais tu e mais tu não iam escorar eles. Vinha o rancho, já viu, eles encostavam como quem não quer nada e tchau, viravam tua marmita. E daí? E tu, ia reclamar pra quem? Quem nasce cagado de arara não tem que chiar. É aguentar como pode. E foi o que eu fiz. Mas a barriga berra, meus camaradinhas. Berra! E toda a curriola sabe disso. E o frio, maruja? O frio arde pacas. E os mandarins estão aí mesmo, só pra tomar as cobertas do passarinho, na fisga. Aí, compadre, é que está o xis. Aí mesmo. Ou tu dá ou desce pro inferno, pintado de verde e amarelo. Tá bom?

(Pausa.)

FUMAÇA — Aí o Morcego te abotoou.

TIRICA — Foi. Mas tem volta. E eu embarco ele loguinho numa canoa furada, pode crer. Agora, vou te dar um plá. Eu dei de pequeno e não gostei, não gostei mesmo. Agora, tem um barato: quem não deu de pequeno, vai dar depois de grande. E aí é broca, acostuma.

PORTUGA — Em mim essa não cola. Veado é sempre veado.

TIRICA — Veado é você, Portuga corno.

FUMAÇA — Ai, que lindo. Um veadinho bravinho.

TIRICA — (*Vai ficando histérico.*) Porco, nojento!

BAHIA — Não mexe com a menininha.

FUMAÇA — Ai, ai, como ela é dengosa...

TIRICA — Só quero ver um puto daqui dormir.

PORTUGA — Acorda o Louco. Ele vai querer ver a gente enrabar a bonequinha.

FUMAÇA — (*Acordando o Louco.*) Ei, Louco! Tem carne fresca aí. Ei, Louco! Vamos enrabar um.

LOUCO — (*Acordando.*) Enraba, enraba!

(Todos riem.)

FUMAÇA — (*Apontando Tirica.*) É esse aí, Louco.

BAHIA — Pega ele, Louco.

LOUCO — *(Aproximando-se de Tirica.)* Enraba, enraba!

(Todos riem. Tirica dá uma porrada violenta no Louco e o joga longe.)

FUMAÇA — Nossa!

(Tirica começa a chorar de raiva. Tem uma crise de nervos.)

TIRICA — Me esquece! Seus filhos da puta! Putos de merda! Sai de mim, seu corno!

(Todos gozam Tirica:)

— Ai, ai!

— Bicha chorona!

— Florzinha do pápi!

— Está com saudade do Morcego?

— Vem cá, neguinha.

— Eu agrado ela.

— Ai, ai!

(Tirica vai ficando cada vez mais nervoso. No auge da fúria, atira-se sobre Portuga. Os dois se agarram em luta violentíssima, luta de vida ou morte. Os outros torcem:)

— Dá-lhe!

— Aperta o saco dele!

— Morde o céu da boca!

— Agora, Portuga!

(Portuga vai levando vantagem, derruba Tirica e começa a estrangulá-lo. Bereco, que até então estava dormindo, acorda, vê a briga, pula do seu beliche e dá um pé no peito de Portuga, atirando-o longe.)

BERECO — Seus filhos da puta! Não me deixam dormir!

PORTUGA — Ele que começou.

BERECO — Não quero saber quem começou. Quero saber que quero dormir. E pra dormir preciso de sossego. E se alguém me perturbar, vai ser enrabado.

LOUCO — Enraba, Bereco, enraba mesmo! Eu estou tesudo, deixa eu enrabar um, deixa?

BERECO — *(Rindo.)* Se tu não abrir o olho, quem entra em vara é você.

LOUCO — *(Apavorado.)* Eu, não! Eu, não! Bereco, eu não! Eu estou sempre sujo de merda.

(Todos riem.)

BERECO — Filho da puta! Nessa hora ele não é louco. Te manjo, vagabundo, sei como te ferrar. Sabe como? Te enrabo com um cabo de vassoura.

LOUCO — Não, Bereco, não!

TODOS — Enraba, enraba!

LOUCO — Não! Não! Não!

BERECO — Não, é? Então me apronta. Se faz de louco que tu vê. Te apronto uma que te arrebento as pregas do rabo, com bosta e tudo.

LOUCO — Não!

BERECO — Então dorme de uma vez, anda.

(Apavorado, Louco senta-se num canto e se debruça sobre os joelhos. Todos ficam olhando com cara de gozação. Depois de algum tempo, Louco levanta a cabeça para olhar. Quando dá de cara com Bereco, deita-se depressa. Todos riem.)

BERECO — Dorme aí, seu puto louco. Dorme. Se levantar a cabeça, a gente te enraba. (*Pausa.*) Não está dormindo porra nenhuma.

LOUCO — Estou, sim.

(Todos riem.)

BERECO — Não está roncando... Quem não ronca, não dorme.

(Louco começa a roncar. Todos riem.)

BERECO — Agora dormiu. Se acordar, já sabe. Agora, vocês, seus putos de merda! Vai! Cada um num canto!

FUMAÇA — Como é, xerife? Vamos queimar um fumo?

BERECO — Já não queimou um hoje?

FUMAÇA — Já, mas fumo nunca é demais.

BERECO — Pois é. Que dia é hoje?

PORTUGA — Terça.

BERECO — A visita é quinta. Quantos tem, Fumaça?

FUMAÇA — Dois.

BERECO — Um pra amanhã, um pra depois.

FUMAÇA — Quinta minha mina traz mais, pombas!

BERECO — Sei. Mas vai ser como sempre.

PORTUGA — Poxa, sem fumo na cuca vai ser duro se apagar.

TIRICA — Foi esse veado mesmo que acordou a gente. Agora vem com esse papo.

BAHIA — Com o serviço que ele deu, livrou a cara. Até que foi bom acordar a gente.

TIRICA — Foi. Só que, se ele dormir, não acorda mais. Juro por Deus.

BERECO — Deixa de bafo, moço. Tu não é ninguém. Vai bancar o bravo pra quê? Tomou o teu e chega pra ti. Tá queimado, dorme e esquece.

TIRICA — Essa eu não esqueço, não.

BERECO — Qual foi o parangolé?

BAHIA — Foi legal. O Portuga adivinhou o passado triste aí do Tirica. O cara foi menina no reformatório.

TIRICA — Corta essa conversa.

BAHIA — Agora ele vai fazer a felicidade da gente.

BERECO — Não quero veadagem aqui, não. Tenho nojo de puto, já vou avisando. Vê lá, hein, Tirica. Se virar a mão aqui, te mato de pancada.

(Todos riem.)

TIRICA — Poxa, xerife, que é isso? Eu sou mais eu!

BERECO — Sei lá. Aqui não quero fresco.

PORTUGA — Mas agora que a gente ia jogar na porrinha quem é que estraçalhava a menina primeiro, tu aterra a nossa?

BERECO — Papacu pra mim é puto também. Tu é puto? Tu é?

PORTUGA — Eu, não.

BERECO — Então não se aproxima dele. Senão, ganha o teu, tá?

FUMAÇA — Aqui parece colégio de freira. O xerife é santo.

BERECO — E tu não gosta?

FUMAÇA — Eu acho bom pacas. A gente só pode coçar o saco, mais nada. Legal! Poxa, legal pra chuchu!

BERECO — Quem não estiver contente pode cair fora.

BAHIA — Pede pra eles me soltarem. Vou amanhã mesmo.

FUMAÇA — Amanhã eu falo com o diretor. Se ele deixar, vai todo mundo.

BAHIA — Mas ele não deixa, ele gosta da gente pacas. Não vai querer ficar na saudade.

BERECO — Então, quem não estiver contente, se fornique.

PORTUGA — Ou sai no braço.

BERECO — Vai querer? *(Empurra Portuga longe.)* Vai querer? *(Dá-lhe uma porrada.)*

PORTUGA — Só falei. Não sou de briga.

BERECO — Aqui o cão sou eu. Quem não fizer o que eu mandar se estrepa. A não ser que tenha mais briga que eu. Mas corto o saco se alguém daqui me escora. *(Pausa.)* Então, é como eu digo. Não quero putaria nessa joça. Maconha só roda quando eu deixar. Assim é que é. *(Pausa.)* Agora, vamos puxar o ronco. E se tiver algum azar de novo vai ser uma merda.

(Todos se acomodam nos seus cantos.)

BERECO — Se pego um veado aqui, esmago o desgraçado. Tenho nojo de veado, um nojo do cacete. Raça nojenta!

(Todos estão em silêncio.)

FUMAÇA — Vai fechar as botucas, Portuga?

PORTUGA — O xerife mandou.

FUMAÇA — Olha que o Tirica te jurou.

PORTUGA — Não bota lenha na fogueira.

FUMAÇA — Só avisei.

PORTUGA — Sei me cuidar.

FUMAÇA — Então, melhor pra ti.

(Pausa.)

BAHIA — Vai deixar o papo barato, Tirica?

TIRICA — Eu sei de mim.

BAHIA — Tem que saber do Portuga. Ele sujou tua barra.

TIRICA — Já está jurado.

BAHIA — Vê lá... Se não confirma, se dana. Não vai fazer nome de homem nunca mais.

TIRICA — É só ele fechar a janela.

(Pausa.)

FUMAÇA — Eu acho que tu não acorda mais, Portuga.

PORTUGA — Mas que zorra!

FUMAÇA — Quem avisa amigo é.

(Pausa. Tirica tira uma colher do bolso e começa a afiar o cabo no chão. Reina grande silêncio. Bahia, Fumaça, Louco e Bereco parecem dormir. Ao escutar o barulho, Portuga levanta a cabeça. Vê o que Tirica está fazendo, assusta-se. Os dois se encaram. Há uma grande tensão entre eles.)

PORTUGA — É pra mim?

TIRICA — Não... dorme! Amanhã, se tu acordar, tu vê.

(Pausa.)

PORTUGA — Tu sabe o que vai fazer.

TIRICA — Sei. Pode se apagar.

(Pausa.)

PORTUGA — Você tem que dormir.

TIRICA — Quando estou com bronca fico ligado.

(Pausa. Portuga está quase pegando no sono. Tirica continua afiando o cabo da colher. Portuga se esforça pra continuar acordado.)

TIRICA — *(Canta baixinho.)* Nana, nenê, que a cuca vem pegar...

(Tirica continua afiando a colher. Portuga se levanta de repente.)

TIRICA — *(Pondo-se rapidamente de pé.)* Não vem, não!

PORTUGA — Que é? Não posso ficar em pé?

TIRICA — O xerife mandou dormir.

PORTUGA — Então, por que tu não dorme?

TIRICA — Estou na paquera.

PORTUGA — Vai perder seu tempo.

TIRICA — Alguém tem que se render... e não vai ser eu. Tem jura feita.

(Pausa. Portuga vai até o lavatório e, com todo o cuidado, volta as costas para Tirica e lava a cara. Tirica mexe-se um pouco. Portuga dá um pulo.)

TIRICA — Está assustado?

PORTUGA — Tu não me pega. Esse gosto não te dou. Hoje seguro as pontas. Amanhã falo com o majorengo e peço pra mudar de xadrez. De cara a cara, você não entra em mim, que eu sei. E não vou ser eu que vou dar sopa pro azar.

TIRICA — Ainda vai correr muita água por baixo da ponte, antes de chegar amanhã.

(Pausa. Portuga senta-se no seu canto outra vez. Tirica também senta-se no seu canto e recomeça a afiar a colher.)

PORTUGA — Para com essa porra!

TIRICA — Que porra?

PORTUGA — Esse barulho. Essa merda não me deixa dormir.

TIRICA — Vem me fazer parar. Ou, então, acorda o Bereco e reclama. Ele é o xerife, tem que tomar conta da gente.

PORTUGA — Veado nojento! Filho da puta!

TIRICA — Vai xingando... Mas acaba dormindo... O ferro já está quase afiado.

(Os dois se vigiam. Os outros dormem. Reina grande silêncio, que é quebrado unicamente pelo barulho de Tirica afiando a colher. Há uma grande tensão entre Portuga e Tirica. No auge da tensão, o ferrolho da porta corre com grande barulho. Os dois ficam de pé, na defensiva. Quando percebem de onde provém o barulho, relaxam. Os outros acordam.)

BERECO — Puta sacanagem!

BAHIA — Hóspede novo.

(A porta se abre e um rapaz bem-vestido é atirado dentro da cela. Aparenta uns vinte e dois anos e é um rapaz de trato. A porta se fecha atrás dele. Escuta-se o ferrolho correr. O rapaz corre até a porta, tentando forçá-la. Está muito nervoso. Os outros presos ficam só espiando os movimentos do rapaz. Ele se vira e se encosta na porta, com medo estampado no rosto. Vai examinando um por um. Depois de algum tempo, Bereco salta da cama e se aproxima do rapaz.)

BERECO — Filhinho de papai.

PORTUGA — Parece uma menina.

BAHIA — Garoto bonito.

TIRICA — Agora que eu quero ver quem é macho.

FUMAÇA — Que é? Já está com ideia de jerico pra cima do garoto?

TIRICA — Não está todo mundo na pior? Vamos enrabar ele.

LOUCO — Enraba, enraba mesmo!

BERECO — Que porra! Eu não mando mais nessa droga?

(Pausa. Ele tira o garoto na pinta. Mede-o de cima a baixo.)

BERECO — Que tu aprontou, garoto?

GAROTO — (*Nervoso.*) Briguei com um cara num bar.

BAHIA — Viu? O garoto é bravo.

BERECO — Coisa à toa. Quando mudar a guarda te jogam na rua de novo.

BAHIA — Não avisou teu pai?

GAROTO — Eu, não. Se o velho sabe disso, vai ficar uma arara.

BERECO — Tem grana?

GAROTO — Estou meio duro.

BERECO — Quanto?

GAROTO — Três contos.

TIRICA — Vai entrar em vara.

FUMAÇA — Poxa, com essa pinta toda só traz pixulé! Vai se estrepar.

BERECO — Deixou a grana na carceragem?

GAROTO — Deixei.

BERECO — Vai passar pro meu nome ou precisa levar um aperto?

GAROTO — O quê?

BERECO — Vai me dar essa merda de dinheiro por bem ou por mal?

GAROTO — Pode ficar com ele.

BERECO — Quando os caras vierem aí servir o café, tu avisa pro chaveiro que me deu a grana. Tem cigarro?

GAROTO — (*Tirando o maço.*) Pode pegar.

BERECO — Que mais tu deixou na portaria?

GAROTO — Mais nada.

BERECO — Pensa que está falando com algum otário? Te tiro na pinta, garoto. Tu é de se empetecar. Cadê anel, correntinha e outros parangolés?

GAROTO — Ficou lá também.

BERECO — E tu queria me engrupir, né?

GAROTO — Eu, não. Tinha esquecido.

BERECO — Pois é. Só que agora é tudo meu.

GAROTO — Tá certo.

BERECO — Assim que é. *(Vai distribuindo os cigarros entre todos.)* Tu se achega por aí, pivete. E vocês não botam o focinho com ele, não. O garoto compareceu com a grana.

BAHIA — Puta grana micha.

BERECO — Dane-se. O garoto está coberto. Agora, bico calado.

(Bereco volta para seu lugar e se apronta pra dormir. Pausa longa.)

TIRICA — Fica nisso?

BAHIA — Não. Vamos lá. O Portuga, que leva jeito, imprensa o garoto. Daí, a gente vai na cola.

(Portuga aproxima-se do Garoto.)

PORTUGA — Como é, meu bem?

GAROTO — *(Incomodado.)* Como é o quê?

PORTUGA — Tu sabe que eu estou aqui há muito tempo e... sabe como é...

GAROTO — E daí?

PORTUGA — Você é bonitinho... tal e coisa, bem no jeito.

GAROTO — Mas o que é que você está pensando?

PORTUGA — Nada. Só estou querendo livrar a tua cara. Aqui não tem mulher...

GAROTO — E o que eu tenho com isso?

PORTUGA — Tem. A moçada está cobiçando o teu loló. Estão querendo te enrabar na marra.

(Pausa. O Garoto olha para os outros. Todos, com exceção do Bereco, estão com desejo estampado no rosto. O garoto está muito assustado.)

PORTUGA — Está vendo? Os filhos da puta estão com o maior tesão em você. *(Pausa.)* Agora, você sabe, essa putada tem cagaço de mim. Se tu entra na minha, já viu, né? Ninguém vai ter peito de pôr o bedelho com você. *(Pausa.)* Como é? Quer que eu deixe você aí na mão das traças, ou...

GAROTO — Você está enganado comigo.

PORTUGA — Prefere que eu deixe eles te pegarem? Olha que eles te arrombam! Agora, eu, eu vou de leve.

GAROTO — Olha, me deixe em paz. Quando eu sair daqui, te trago dinheiro. Não deixa eles botarem a mão em mim.

PORTUGA — Vê se está escrito otário na minha testa. Tu sai daqui e não volta nunca mais.

GAROTO — Juro que não vou te largar na mão.

PORTUGA — Não, meu bem. Ou me sirvo aí, ou te largo pro gango todo.

(Pausa. O Garoto olha mais uma vez para os outros presos. Estão todos na paquera.)

PORTUGA — Pode ser, meu bem?

(Portuga passa a mão no rosto do Garoto que, com nojo, dá um tapa no rosto dele. Todos se levantam imediatamente.)

LOUCO — Enraba, enraba!

PORTUGA — Agarra ele, gente!

BAHIA — Vai entrar em vara.

TIRICA — Agora quero ver quem é macho.

FUMAÇA — Enraba, enraba!

TODOS — Enraba! Enraba!

(Todos agarram o Garoto que, em desespero, se debate furiosamente. Bereco pula no meio do bolo e começa a distribuir

pancada. Os presos revidam. O pau come. Bereco consegue puxar o Garoto pra trás e encara todos.)

BERECO — Quem quiser pode entrar em mim.

TIRICA — Não pensa que vai se tratar sozinho com o Garoto. Ele vai ser enrabado.

BERECO — Vão à merda! Se tocarem no Garoto, eu mato um por um de pancada.

TIRICA — A gente é uma porrada. Dessa vez tu não vai pôr banca. Estamos de saco cheio das tuas broncas. Só tu que quer ter vez. Aqui ó, pra ti! A gente só pode bater caixa quando tu deixa. Só queimamos fumo quando tu tá de presa seca e os cambaus. Agora caiu do cavalo. Nós vamos enrabar esse garoto e, se tu folgar, não vai ter vez.

BERECO — Chega de cartear, paspalho. Sai no pau de uma vez.

TIRICA — *(Puxando a colher.)* Vamos todo mundo junto. Quero ver qual é o veado que vai mijar fora do pinico.

(Todos rodeiam o Bereco.)

FUMAÇA — Tua barra tá suja, Bereco. É melhor afinar.

(Pausa.)

BERECO — Se vocês querem, a gente queima o fumo.

PORTUGA — Eu topo.

FUMAÇA — Tamos aí.

BAHIA — Vou nessa.

TIRICA — São de porra nenhuma. Agora eu já vi quem é bicha. O Portuga foi o primeiro a sair fora. Claro, é brocha. Vai querer enrabar o Garoto pra quê?

FUMAÇA — *(Tirando o fumo e acendendo.)* Não reclama. Pega firme aqui, bichinha.

TIRICA — Eu, bicha? *(Puxa o fumo.)* Bicha é o Portuga, que não quis ferrar a menina aí.

(Todos estão puxando o fumo.)

TIRICA — Olha só o Garoto enxuto que vocês dispensaram.

(Todos riem.)

TIRICA — Depois, eu que sou fresco. Tá certo assim. Por mim, mandava o nabo nele.

PORTUGA — Vai lá, então.

TIRICA — Sozinho não dá. Segura ele que tu vê se sou homem ou não.

PORTUGA — Chama o Morcego. Ele que sabe de ti.

(Todos riem.)

TIRICA — Não se escama. O Garoto está aí, a gente pode provar.

BERECO — Quer narigar, Garoto?

GAROTO — Eu não, obrigado.

TIRICA — A garota não trata disso.

BAHIA — É cabaço.

(Todos riem.)

FUMAÇA — Poxa, xerife, tu não manda mais?

BERECO — Pega aí, Garoto.

GAROTO — Obrigado. Não quero, não.

TIRICA — Está pedindo vara.

LOUCO — Enraba, enraba!

BERECO — *(Para o Garoto.)* Mandei queimar essa merda, anda!

(O Garoto fuma.)

BERECO — Certo assim.

TIRICA — A garotinha faz boquinha de chupar ovo, ai, ai.

FUMAÇA — Como é, Bereco? Tu não acha ele bem no jeito? Parece uma menina.

BERECO — Não gosto de veadagem.

TIRICA — Veadagem, não. Só pra provar que o Portuga é brocha. Quer morrer de rir, é só agarrar o Garoto.

PORTUGA — Eu vou lá e desempenho. Agora, você, não sei. Só sei o que o Morcego contou.

BAHIA — Vamos ver.

BERECO — Deixa andar.

FUMAÇA — Já ou agora?

LOUCO — Enraba, enraba!

(Todos agarram o rapaz, que luta desesperadamente mas é dominado e colocado de bruços no chão. Fumaça segura um braço. Bahia, o outro. Bereco pisa nos calcanhares do Garoto.)

GAROTO — *(Gritando desesperado.)* Pelo amor de Deus! Socorro! Socorro! Pelo amor de Deus! Me soltem! Socorro!

TIRICA — *(Para Portuga.)* Pode ir na frente, brocha.

PORTUGA — Depois quero te ver.

LOUCO — Enraba, enraba!

(Portuga entra debaixo das pernas de Bereco. Quando está quase deitado sobre o Garoto, ele grita:)

GAROTO — Socorro!

(A luz se apaga. Quando a luz se acende novamente, o Garoto está jogado no chão, chorando. Tirica está sentado, triste. Os outros estão rindo.)

BAHIA — Quer dizer que o Morcego falou a verdade?

PORTUGA — Agora tivemos a prova. Eu fui lá e pimba! Mandei brasa. O Tirica, com toda a visagem, só fez brochar. Caiu a cara do puto.

FUMAÇA — Foi bom esse lance. Até o Louco se tratou. Pro Tirica não deu, é bicha mesmo.

TIRICA — Foi esse Portuga que ficou me gozando. Isso dá terra.

BAHIA — Com a gente não deu.

PORTUGA — Ninguém aqui é veado.

TIRICA — O Bereco também não foi.

FUMAÇA — Porque não quis. Agora, tu, não. Tu quis pacas, deu até dó. Mas, que nada! Não enganou ninguém.

BAHIA — Nem vai enganar nunca mais.

BERECO — Para de chorar, Garoto. Ninguém te machucou. *(Pausa)* Para, anda! Já mandei.

BAHIA — Não chora não, menina, logo você acostuma.

PORTUGA — Não vê o Tirica? Agora acabou a banca. Daqui pra frente vai ser menina.

FUMAÇA — Sabe que, quando o Portuga falou do papo do Morcego, eu pensei que o Tirica era gilete? Agora vi que nem isso o filho da puta é.

(Tirica está quieto, estourando de raiva. A alegria do pessoal vai passando aos poucos. O Garoto soluça.)

FUMAÇA — Para com esse enxame, Garoto.

BAHIA — Não falta prega nenhuma aí, não.

PORTUGA — Chorar não adianta. Vê o Tirica, que é puto velho. Está bem quietinho.

BERECO — Agora chega, vê se dorme. Daqui a pouco trocam a guarda e tu se arranca. Pior sou eu que porque apaguei um sacana, vou ficar aqui a vida toda.

GAROTO — Se dane!

BERECO — *(Dando um pontapé no Garoto.)* Quero te dar uma colher de chá e ainda azeda, seu veadinho?!

(Todos vão se acomodando nos seus cantos. Portuga se distrai. Tirica puxa a colher e, rapidamente, a crava nas costas do Portuga.)

PORTUGA — Ai, ele me furou!

TIRICA — Eu te jurei, seu merda! Pega! Pega mais essa!

(Portuga cai. Tirica cai em cima dele e continua espetando com fúria. Os outros só olham.)

TIRICA — Porco! Nojento! Corno! Filho da puta! Porco de merda! Ri agora, corno manso! Ri, ri! Ri que eu estou mandando! Ri, anda, filho da puta!

(Tirica continua espetando Portuga sem que alguém faça um gesto para detê-lo. Por fim, ele se cansa, para, fica em pé. Está aparvalhado. Depois de algum tempo, cai em pranto histérico. Fumaça pega um pano preto e pendura na janelinha da porta. Todos, como que tomados, pegam suas canecas e começam a batê-las. Logo começa um barulho idêntico de fora de cena, como se fosse de outras celas. No auge do barulho, escuta-se o ferrolho correr. Todo o barulho para como por encanto. Entra o trio da guarda.)

GUARDA 1 — Todo mundo de nariz na parede. Anda! Seus filhos da puta! Não podiam esperar mais um pouco pra aprontar o salseiro? Mais dez minutos e era a rendição que ia resolver essa alteração... Filhos da puta!

GUARDA 2 — Apagaram um!

GUARDA 1 — Um a menos pra encher o saco. *(Dirigindo-se ao terceiro guarda:)* Manda buscar a maca.

(Guarda 3 sai.)

GUARDA 2 — *(Apontando Tirica, que está com a colher na mão.)* Deve ter sido esse.

GUARDA 1 — *(Dirigindo-se a Bereco.)* Quem foi?

BERECO — Não sei. Eu estava dormindo.

GUARDA 1 — Estava todo mundo dormindo, né? Tá bem. *(Apontando Tirica.)* Vamos arrastar esse pra solitária. Tem que ser alguém, né? Esse aí serve. Desce ele.

(Os dois guardas entram com a maca. Botam Portuga nela e saem.)

GUARDA 1 — *(Agarrando Tirica.)* Vamos indo.

(Sai toda a guarda. A porta se fecha. O ferrolho corre. Os presos voltam para seus lugares. Estão todos deprimidos. O Garoto fica em pé no meio da cela. Está muito abatido. Fumaça e Bereco sentam-se na cama. O Louco encolhe-se em posição fetal e começa a gemer. Bahia vai até a porta e fica espiando pela janelinha. Há uma grande pausa. Um terrível silêncio.)

BAHIA — Já estão mudando a guarda.

(Pausa.)

FUMAÇA — O Garoto que é feliz. Logo está na rua.

(Pausa. O ferrolho corre outra vez. A porta se abre. Entram os guardas, acompanhando o carcereiro.)

CARCEREIRO — José Cláudio Camargo.

GAROTO — Eu.

CARCEREIRO — Pode vir.

(O Garoto sai devagar, com profunda tristeza. Mais uma vez a porta se fecha.)

FUMAÇA — Eu que queria me mandar.

(Pausa.)

BAHIA — *(Da janelinha da porta.)* Já está amanhecendo.

(Pausa longa.)

BAHIA — Já estão servindo café no xadrez um.

(Pausa longa.)

BERECO — É... Mais um dia...

DOIS PERDIDOS NUMA NOITE SUJA

(Peça em dois atos)

Personagens

Tonho
Paco

I ATO

Cenário

Um quarto de hospedaria de última categoria, onde se veem duas camas bem velhas, caixotes improvisando cadeiras, roupas espalhadas etc.

Nas paredes estão colados recortes, fotografias de time de futebol e de mulheres nuas.

Primeiro Quadro

(Paco está deitado em uma das camas. Toca muito mal uma gaita. De vez em quando, para de tocar, olha para seus pés, que estão calçados com um lindo par de sapatos, completamente em desacordo com sua roupa. Com a manga do paletó, limpa os sapatos. Paco está tocando, entra Tonho, que não dá bola para Paco. Vai direto para sua cama, senta-se nela e, com as mãos, a examina.)

TONHO — Ei! Para de tocar essa droga.

(Paco finge que não ouve.)

TONHO — *(Gritando.)* Não escutou o que eu disse? Para com essa zoeira!

(Paco continua a tocar.)

TONHO — É surdo, desgraçado?

(Tonho vai até Paco e o sacode pelos ombros.)

TONHO — Você não escuta a gente falar?

PACO — *(Calmo.)* Oi, você está aí?

TONHO — Estou aqui para dormir.

PACO — E daí? Quer que eu toque uma canção de ninar?

TONHO — Quero que você não faça barulho.

PACO — Puxa! Por quê?

TONHO — Porque eu quero dormir.

PACO — Ainda é cedo.

TONHO — Mas eu já quero dormir.

PACO — E eu, tocar.

TONHO — Eu paguei pra dormir.

PACO — Mas não vai conseguir.

TONHO — Quem disse que não?

PACO — As pulgas. Essa estrebaria está assim de pulgas.

TONHO — Disso eu sei. Agora quero que você não me perturbe.

PACO — Poxa! Mas o que você quer?

TONHO — Só quero dormir.

PACO — Então para de berrar e dorme.

TONHO — Está bem. Mas não se meta a fazer barulho.

(Tonho volta para sua cama, Paco recomeça a tocar.)

TONHO — Para com essa música estúpida! Não entendeu que eu quero silêncio?

PACO — E daí? Você não manda.

TONHO — Quer encrenca? Vai ter! Se soprar mais uma vez essa droga, vou quebrar essa porcaria.

PACO — Estou morrendo de medo.

TONHO — Se duvida, toca esse troço.

(Paco sopra a gaita. Tonho pula sobre Paco. Os dois lutam com violência. Tonho leva vantagem e tira a gaita de Paco.)

PACO — Filho da puta!

TONHO — Avisei, não escutou, se deu mal.

PACO — Dá essa gaita pra cá.

TONHO — Vem pegar.

PACO — Poxa! Deixa de onda e dá essa merda.

TONHO — Se tem coragem, vem pegar.

PACO — Pra que fazer força? Você vai ter que dormir mesmo.

TONHO — Antes de dormir, jogo essa merda na privada e puxo a bomba.

PACO — Se você fizer isso, eu te apago.

TONHO — Experimenta.

PACO — Se duvida, joga.

TONHO — Jogo. E daí?

PACO — Então joga.

TONHO — Você só tem boca-dura.

PACO — É melhor você me dar essa merda.

TONHO — Não enche o saco.

PACO — Anda logo. Me dá isso.

TONHO — Não vou dar.

(Paco pula sobre Tonho. Esse mais uma vez leva vantagem. Joga Paco longe com um empurrão.)

TONHO — Tá vendo, palhaço? Comigo você só entra bem.

PACO — Eu quero minha gaita.

TONHO — Se você ficar bonzinho, amanhã de manhã eu devolvo.

PACO — Quero a gaita já.

TONHO — Não tem acordo.

(Pausa. Tonho deita-se, e Paco fica onde está, olhando Tonho.)

TONHO — Vai ficar aí me invocando?

PACO — Já estou invocado há muito tempo.

TONHO — Poxa! Vê se me esquece, Paco.

PACO — Então me dá a gaita.

TONHO — Você não toca?

PACO — Não vou tocar.

TONHO — Palavra?

PACO — Juro.

TONHO — Então toma. *(Tonho joga a gaita na cama de Paco.)* Se tocar, já sabe. Pego outra vez e quebro.

(Paco limpa a gaita e a guarda. Olha o sapato, limpa com a manga do paletó.)

PACO — Você arranhou meu sapato. *(Molha o dedo na boca e passa no sapato.)* Meu pisante é legal pra chuchu. *(Examina o sapato.)* Você não acha bacana?

TONHO — Onde você roubou?

PACO — Roubou o quê?

TONHO — O sapato.

PACO — Não roubei.

TONHO — Não mente.

PACO — Não sou ladrão.

TONHO — Você não me engana.

PACO — Nunca roubei nada.

TONHO — Pensa que sou bobo?

PACO — Você está enganado comigo.

TONHO — Deixa de onda e dá o serviço.

PACO — Que serviço?

TONHO — Está se fazendo de otário? Quero saber onde você roubou esses sapatos.

PACO — Esses?

TONHO — É.

PACO — Mas eu não roubei.

TONHO — Passou a mão.

PACO — Não sou disso.

TONHO — Conta logo. Onde roubou?

PACO — Juro que não roubei.

TONHO — Canalha! Jurando falso.

PACO — Não enche o saco, poxa!

TONHO — Então se abre logo.

PACO — Que você quer? Não roubei e fim.

TONHO — Mentiroso! Ladrão! Ladrão de sapato!

PACO — Cala essa boca!

TONHO — Ladrão sujo!

PACO — Eu não roubei.

TONHO — Ladrão mentiroso!

PACO — Não roubei! Não roubei!

TONHO — Confessa logo, canalha!

PACO — *(Bem nervoso.)* Eu não roubei! Eu não roubei! Eu não roubei! *(Começa a chorar.)* Não roubei! Poxa, nunca fui ladrão! Nunca roubei nada! Juro! Juro! Juro que não roubei! - Juro!

TONHO — *(Gritando.)* Para com isso!

PACO — Eu não roubei!

TONHO — Está bem! Está bem! Mas fecha esse berreiro.

(Paco para de chorar e começa a rir.)

PACO — Você sabe que não afanei nada.

TONHO — Sei lá.

PACO — O pisante é bacana, mas não é roubado.

TONHO — Onde achou?

PACO — Não achei.

TONHO — Onde conseguiu, então?

PACO — Trabalhando.

TONHO — Pensa que sou trouxa?

PACO — Parece. *(Ri.)*

TONHO — Idiota!

(*Paco ri.*)

TONHO — Nós dois trabalhamos no mesmo serviço. Vivemos de biscate no mercado. Eu sou muito mais esperto e trabalho muito mais que você. E nunca consegui mais do que o suficiente pra comer mal e dormir nesta espelunca. Como então você conseguiu comprar esse sapato?

PACO — Eu não comprei.

TONHO — Então roubou.

PACO — Ganhei.

TONHO — De quem?

PACO — De um cara.

TONHO — Que cara?

PACO — Você não manja.

TONHO — Nem você.

PACO — Não manjo. Mas ele me deu o sapato.

TONHO — Por que alguém ia dar um sapato bonito desses pra uma besta como você?

PACO — Ah, você também acha meu sapato legal?

TONHO — Acho. E daí?

PACO — Já morei.

TONHO — O quê?

PACO — Toda sua bronca.

TONHO — Que bronca, seu?

PACO — Você bota olho gordo no meu pisante.

TONHO — Você é louco.

PACO — Louco nada. Agora eu sei por que você sempre invoca comigo.

TONHO — Você é uma besta.

PACO — Você tem um sapato velho, todo jogado-fora, e inveja o meu, bacana paca.

TONHO — Eu, não.

PACO — Invejoso!

TONHO — Cala essa boca!

PACO — De manhã, quando saio rápido com meu sapato novo e você demora aí forrando sua droga com jornal velho, deve ficar cheio de bronca.

TONHO — Palhaço!

PACO — *(Gargalha.)* Por isso é que você é azedo. Coitadinho! Deve ficar uma vara quando pisa num cigarro aceso. *(Paco representa uma pantomima.)* Lá vem o trouxão, todo cheio de panca. *(Anda com pose.)* Daí, um cara joga a bia de cigarro, o trouxão não vê e pisa em cima. O sapato do cavalão é furado, ele queima o pé e cai da panca. *(Paco pega seu pé e finge que assopra.)* Ai! Ai! Ai! *(Paco começa a rir e cai na cama gargalhando.)*

TONHO — *(Bravo.)* Chega!

(Paco aponta a cara de Tonho e estoura de tanto rir.)

TONHO — Para com isso, Paco!

(Paco continua a rir. Tonho pula sobre ele e, com fúria, dá violentos socos na cara de Paco. Este ainda ri. Depois, perde as forças e para; Tonho continua batendo. Por fim, para, cansado, ofegante, volta pra sua cama. Deita-se. Depois de algum tempo levanta a cabeça e, vendo que Paco não se

move, demonstra preocupação. Aproxima-se de Paco e o sacode.)

TONHO — Paco! Paco!

(Paco não dá sinal de vida.)

TONHO — Desgraçado! Será que morreu?

(Tonho enche um copo com água de uma moringa e o despeja na cara de Paco.)

PACO — Ai! Ai!

TONHO — Ainda bem que não morreu.

PACO — Você me machucou.

TONHO — Quando dou é pra valer.

PACO — Você me paga.

TONHO — Quer mais?

PACO — Não sabe brincar, canalha?

TONHO — Eu não estava brincando.

PACO — Vai ter forra.

TONHO — Você não é de nada.

PACO — Você não perde por esperar.

TONHO — Deixa isso pra lá. Não foi nada.

PACO — Não foi nada porque não foi na sua cara.

(Tonho ri.)

PACO — Mas isso não vai ficar assim, não.

TONHO — Não. Vai inchar pra chuchu. *(Ri.)*

PACO — Está muito alegre.

TONHO — Poxa, você não gosta de tirar um sarro?

PACO — Quem ri por último ri melhor.

TONHO — Agora cale a boca. Fiquei cansado de bater em você. Quero dormir.

PACO — Se tem coragem de dormir, dorme.

TONHO — Que quer dizer com isso?

PACO — Nada. Dorme...

TONHO — Vai querer me pegar dormindo?

PACO — Não falei nada.

TONHO — Nem pense em me atacar. Não esqueça a surra que te dei.

PACO — Não esqueço fácil.

TONHO — Acho bom. E fique sabendo que posso te dar outra a hora que eu quiser.

PACO — Duvido muito.

TONHO — Fecha essa latrina de uma vez, paspalho.

PACO — Falo quanto quiser.

TONHO — Você só sabe resmungar.

PACO — Você sabe muita coisa.

TONHO — Mais do que você, eu sei.

PACO — Muito sabido. Por que, em vez de carregar caixa no mercado, não vai ser presidente da república?

TONHO — Quem pensa que eu sou? Um estúpido da sua laia? Eu estudei. Estou aqui por pouco tempo. Logo arranjo um serviço legal.

PACO — Vai ser lixeiro?

TONHO — Não, sua besta. Vou ser funcionário público, ou outra droga qualquer. Mas vou. Eu estudei.

PACO — Bela merda. Estudar, pra carregar caixa.

TONHO — Só preciso é ganhar uma grana pra me ajeitar um pouco. Não posso me apresentar todo roto e com esse sapato.

PACO — Se eu tivesse estudado, nunca ia ficar assim jogado-fora.

TONHO — Fiquei assim, porque vim do interior. Não conhecia ninguém nessa terra, foi difícil me virar. Mas logo acerto tudo.

PACO — Acho difícil. Você é muito trouxa.

TONHO — Você é que pensa. Eu fiz até o ginásio. Sei escrever à máquina e tudo. Se eu tivesse boa roupa, você ia ver. Nem precisava tanto, bastava eu ter um sapato... assim como o seu. Sabe, às vezes eu penso que, se o seu sapato fosse meu, eu já tinha me livrado dessa vida. E é verdade. Eu só dependo do sapato. Como eu posso chegar em algum lugar com um pisante desses? Todo mundo a primeira coisa que faz é ficar olhando para o pé da gente. Outro dia, me apresentei pra fazer um teste num banco que precisava de um funcionário. Tinha um monte de gente querendo o lugar. Nós entramos na sala pra fazer o exame. O sujeito que parecia ser o chefe bateu os olhos em mim, me mediu de cima a baixo. Quando viu o meu sapato, deu uma risadinha, me invocou. Eu fiquei nervoso paca. Se não fosse isso, claro que eu seria aprovado. Mas, poxa, daquele jeito, encabulei e errei tudo. E era tudo coisa fácil que caiu no exame. Eu sabia responder àqueles problemas. Só que, por causa do meu sapato, eu me afobei e entrei bem. *(Pausa.)* Que diz, Paco?

PACO — Digo que quando você começa a falar, você enche o saco.

TONHO — Com você a gente não pode falar sério.

PACO — Você só sabe chorar.

TONHO — Estava me abrindo com você, como um amigo.

PACO — Quem tem amigo é puta de zona.

TONHO — É...

(Pausa longa. Paco tira a gaita do bolso e fica brincando com ela.)

TONHO — Quer tocar, toque.

PACO — Posso tocar?

TONHO — Faça o que lhe der na telha.

PACO — Não vou perturbar o seu sono?

TONHO — Não. Pode tocar.

PACO — Tocarei em sua honra.

(Paco começa a tocar. Tonho acende um cigarro e dá uma longa tragada. Luz apaga. Fim do primeiro quadro.)

Segundo Quadro

(Paco está deitado, entra Tonho. Paco para de tocar.)

TONHO — Pode continuar tocando.

PACO — Eu toco quando quero.

TONHO — Pensei que tinha parado por minha causa.

PACO — Paro só quando eu quero, ninguém manda em mim.

TONHO — Esqueceu de ontem?

PACO — Eu não esqueço de nada.

TONHO — Então deveria saber que, a hora que me encher, eu faço você parar na marra.

PACO — Não pense que todo dia é dia santo. Ontem foi ontem.

TONHO — E hoje é a mesma coisa.

PACO — Se eu quiser, eu toco. Você não faz nada.

TONHO — Você é muito valente. Mas por que parou quando eu cheguei? Ficou com medo?

PACO — Eu, ter medo de homem? No dia que eu tiver medo de homem, não uso mais calça com braguilha, nem saio mais na rua.

TONHO — Então por que parou quando eu cheguei?

PACO — Eu quero te dar um aviso.

TONHO — Dar um aviso pra mim?

PACO — Não. Pra sua avó.

TONHO — O que é que você quer me avisar?

PACO — O que o negrão mandou te avisar, poxa.

TONHO — Que negrão?

PACO — Que negrão! Aquele lá do mercado.

TONHO — Como vou saber quem é? Lá tem muitos negrões.

PACO — Esse você manja. É um que usa gorrinho de meia de mulher para alisar o cabelo.

TONHO — O que ele quer comigo?

PACO — Ele mandou avisar que vai te dar tanta porrada, que é até capaz de te apagar.

TONHO — Mas o que eu fiz pra ele?

PACO — Sei lá! Só sei que ele disse que você é muito fresco e que ele vai acabar com essa frescura. Que você é um cara que não aguenta nem um peido e que ele vai te ensinar a não se atravessar na vida dos outros.

TONHO — Quando ele falou isso?

PACO — Hoje, no bar, me chamou e disse tudo. Falou que eu era um cara legal, mas que você era o fim da picada.

(Pausa.)

TONHO — Acho que você fez alguma fofoca.

PACO — Poxa, logo eu! Eu não sou disso.

TONHO — Por que o negrão iria se invocar comigo? Não fiz nada pra ele.

PACO — Se você não sabe, eu vou saber?

TONHO — Alguém aprontou pra mim.

PACO — Azar seu. O negrão é fogo numa briga.

TONHO — Só queria saber por que ele ficou com bronca de mim.

PACO — O que eu sei é que ele está uma vara com você. *(Pausa.)* Agora você não vai mais poder baixar no mercado.

TONHO — Por que não?

PACO — Vai me enganar que você vai encarar o negrão? Ele come a tua alma. O negrão é espeto. Você não conhece ele. Briga paca. Uma vez ele pegou um chofer que dava uns dez de você, quase matou o desgraçado de tanta porrada que deu. *(Pausa.)* Você tem medo do negrão?

TONHO — *(Sem convicção.)* Eu, não.

PACO — Boa, Tonho. Assim é que é. Homem macho não tem medo de homem. O negrão é grande, mas não é dois. *(Pausa.)* Você vai encarar ele?

TONHO — Sei lá! Ele não me fez nada. Nem eu pra ele.

PACO — Poxa, ele disse que você é fresco. Vai lá e briga. Ele é que quer.

TONHO — Você só pensa em briga.

PACO — Eu, não. Mas se um cara começa a dizer pra todo mundo que eu sou fresco e os cambaus, eu ferro o miserável. Comigo é assim. Pode ser quem for; folgou, dou pau. *(Pausa.)* Como é? Você vai fazer como eu, ou vai dar pra trás?

TONHO — Você podia quebrar o meu galho com o negrão.

PACO — Eu, não. Em briga dos outros, eu não me meto.

TONHO — Bastava você saber o que eu fiz pra ele.

PACO — Poxa, em que caminhão você trabalhou hoje?

TONHO — No caminhão de peixe.

PACO — Era o caminhão do negrão. Ele sempre trabalha aí.

TONHO — Mas o negrão nem estava no mercado.

PACO — E daí? Só porque ele não estava você foi pondo o bedelho?

TONHO — O chofer é que quis.

PACO — Deixa querer, quando é assim.

TONHO — Eles não iam ficar esperando a vida toda pra descarregar.

PACO — Isso não é problema seu.

TONHO — Se eu não pegasse, outro pegava.

PACO — E pegava também a bronca do negrão.

(Pausa.)

PACO — O que você vai fazer?

TONHO — Vou falar com ele.

PACO — Olha que ele te capa. Ele não é de dar arreglo.

TONHO — Que vou fazer, então?

PACO — Sei lá! O negrão sacaneado é espeto.

(Pausa.)

TONHO — O único jeito é falar com o negrão.

PACO — Não vai dar pé.

TONHO — Então não tem remédio.

PACO — Quando você ver ele, antes de conversar, dá uma porrada.

TONHO — Depois ele me mata.

PACO — Mata ele primeiro. Você não é macho?

TONHO — Mas não estou a fim de matar ninguém.

PACO — Poxa, você é um cagão. O negrão não é bicho.

TONHO — Disso eu sei.

PACO — Então calça a moleira dele. *(Pausa.)* Quer que eu avise que você vai topar ele?

TONHO — Pra que isso? Não precisa avisar nada.

PACO — Limpa a tua barra. O negrão pode ficar pensando que você é de alguma coisa. Eu duvido, mas às vezes ele é até capaz de afinar.

TONHO — A única saída é bater um papo com ele.

PACO — Você não está a fim de briga, já vi tudo.

TONHO — E não estou mesmo.

PACO — Homem de merda que você é.

TONHO — Só porque não quero me pegar com o negrão?

PACO — Poxa, ele anda dizendo que você é fresco. Deixa barato, vai deixando. Um dia a turma começa a passar a mão no teu rabo, daí vai querer gritar, mas já é tarde, ninguém mais respeita.

(Pausa.)

TONHO — Eu não posso brigar com o negrão! Será que você não se manca? O negrão é um cara sem eira nem beira, não tem onde cair morto. Para ele tanto faz, como tanto fez. Não conta com o azar, entendeu?

PACO — Você está é com o rabo na mão.

TONHO — Não é medo. É que posso evitar encrenca. Falo com o negrão e acerto os ponteiros. Poxa, se eu faço uma besteira qualquer, minha mãe é que sofre. Ela já chorou paca no dia que saí de casa.

PACO — Vai me enganar que você tem casa?

TONHO — Claro, como todo mundo.

PACO — Então, que veio fazer aqui? Só encher o saco dos outros? Poxa, fica lá na sua casa.

TONHO — Eu bem que queria ficar. Mas minha cidade não tem emprego. Quem quer ser alguma coisa na vida tem que sair de lá. Foi o que fiz. Quando acabei o exército, vim pra cá. Papai não pode me ajudar...

PACO — Quem tem papai é bicha.

TONHO — Você não tem pai, por acaso?

PACO — Claro que eu tive um pai. Não sou filho de chocadeira. Só que não sei quem é. Pai pode ser qualquer um. Mãe é que a gente sabe quem é.

TONHO — Eu sei quem é meu pai.

PACO — Quem é teu pai?

TONHO — Quem você queria que fosse? Meu pai é meu pai.

PACO — Sei lá se é. Sua velha pode trepar com qualquer um.

TONHO — Olha lá, miserável. Minha mãe é uma santa, e eu não admito que você fale mal dela.

PACO — Guarda seus gritos pro negrão.

TONHO — Não vou enfrentar negrão nenhum.

PACO — Então volta pro rabo da saia da tua mãe.

TONHO — Vou voltar, mas só quando me aprumar na vida.

PACO — Então nunca mais vai ver sua coroa.

TONHO — E por que não?

PACO — Não força a paciência. Você nunca vai ser ninguém.

TONHO — Eu só preciso de um sapato. Uma boa apresentação abre as portas. Se eu tivesse sorte de me ajeitar logo que cheguei, a essas horas estava longe daqui. Mas dei azar. O sapato estragou. Eu não tenho coragem de ir procurar emprego com essa droga nos pés. Tenho que desafogar aqui no mercado. Quando escrevo pra casa, digo que está tudo bem, pra sossegar o pessoal. Sei que eles não podem me ajudar. Vou me aguentando. Um dia me firmo.

PACO — Vou te dar um alô. Volta pra tua casa. Aqui você só vai entrar bem.

TONHO — Vontade de voltar não me falta.

PACO — Então vai logo, que já vai tarde.

TONHO — Não. Meu negócio é aqui.

PACO — Poxa, não escutou eu te dizer que aqui não vai dar pé?

TONHO — Não sei por que não vou me dar bem.

PACO — Você é muito escamoso. Tem medo de pedir emprego por causa do sapatão. Tem medo de encarar o negrão. Desse jeito, só pode tubular.

TONHO — Você podia me ajudar.

PACO — Ninguém me ajuda. Por que vou te ajudar?

TONHO — É só você me emprestar seu sapato. Eu arranjo emprego, depois, se eu puder fazer alguma coisa por você, eu faço.

PACO — Eu, te emprestar meu sapato? Não tenho filho do seu tamanho.

TONHO — É só um dia.

PACO — Sai pra lá. Se vira de outro jeito.

TONHO — Poxa, Paco. Me quebra esse galho. Amanhã mesmo ia procurar emprego. Não precisava mais voltar nessa merda de mercado.

PACO — Quem gosta de você é o negrão. Ele vai ficar muito triste se você não baixar mais no mercado.

TONHO — Você até parece que quer ver minha caveira.

PACO — Quero ver você se pegar com o negrão. Isso é que eu quero ver. *(Pausa.)* Se o negrão te pega, não vai adiantar chamar pela mamãe. Ele vai te arrebentar.

TONHO — Amanhã a gente vê como vai ser.

PACO — Vou cagar de rir.

TONHO — Não vai acontecer nada.

PACO — Vai fugir?

TONHO — Eu, não.

PACO — Poxa, o cara é machão.

TONHO — Não sou mais valente que ninguém.

PACO — Se pensa que vai engrupir o negrão, está enganado. O negrão é vivo paca. Ele vai te enrabar.

(Os dois ficam quietos. Luz apaga. Fim do segundo quadro.)

Terceiro Quadro

(Tonho está deitado, Paco vai entrando. Senta-se na cama, fica olhando fixo para Tonho. Só depois de muito tempo é que fala.)

PACO — Você é um trouxa.

TONHO — Você não tem nada que ver com a minha vida.

PACO — Afinou como uma bicha. Poxa, que papelão!

TONHO — Papelão, não. Bati um papo com o negrão, ficou tudo certo.

PACO — Você é que acha.

TONHO — O negrão está legal comigo. Até tomamos umas pinguinhas juntos.

PACO — Muito bonito pra sua cara. O sujeito te cafetina, você ainda paga bebida pra ele. Você é um otário. Deu a grana do peixe pro negrão. Quem trabalha pra homem é relógio de ponto ou bicha. Depois que você se arrancou, ele tirou um bom sarro às tuas custas. Todo mundo mijou de rir.

TONHO — O negrão contou que eu dei o dinheiro pra ele?

PACO — Claro! Você é trouxa. E agora todo mundo sabe.

TONHO — Só dei metade. Foi pra evitar briga. Eu estudei, não preciso me meter em encrenca.

PACO — E acha que livrou sua cara?

TONHO — Então? Agora tá tudo certo.

PACO — Só que todo dia ele vai te dar uma prensa.

TONHO — Não sei por quê.

PACO — Porque você é um trouxa. Ele disse que não pega mais no pesado. É só ver você num caminhão, ele chega como quem não quer nada e diz que era carreto dele. Daí, te achaca. Se você achar ruim, te sapeca o braço e leva toda a grana. Se você ficar bonzinho, é tudo meio a meio. *(Pausa.)*
O negrão é um sujeito de sorte. Arranjou uma mina. O apelido dele ficou "Negrão Cafifa". Bota as negas dele pra se virar, enquanto ele fica no bem-bom enchendo a cara de cachaça. *(Pausa.)* Você está frito e mal pago. Otário só entra bem.

(Pausa.)

TONHO — O negrão está enganado comigo.

PACO — Não sei por quê. Ele é vivo, conhece o gado dele.

TONHO — Se ele pensa que vou trabalhar pra ele, está muito enganado.

PACO — Você já trabalhou um dia.

TONHO — Eu só quis evitar encrenca.

PACO — E se deu mal. Por isso eu falei que você tinha que encarar. Não me escutou, é metido a malandro, caiu do cavalo. Homem não corre do pau.

TONHO — Eu não quero nada disso. Eu estudei, Paco. Amanhã ou depois, compro um sapato, arrumo um emprego de gente e nunca mais quero saber do mercado.

PACO — Não vai ser mole. Se antes de você trabalhar pra homem não dava, agora então é que não dá mesmo.

TONHO — O negrão não pode fazer isso comigo. Não é direito.

PACO — Quem mandou você afinar? Agora é dureza fazer a moçada pensar que você é de alguma coisa. Seu apelido lá no mercado agora é "Boneca do Negrão".

TONHO — Boneca do Negrão é a mãe!

PACO — *(Avançando.)* A mãe de quem?

TONHO — Sei lá! A mãe de quem falou.

PACO — Veja lá, Boneca do Negrão! Não folga comigo, não. Já tenho bronca sua porque inveja o meu sapato. Se me enche o saco, te dou umas porradas. Depois, não adianta contar pro teu macho, que eu não tenho medo de negrão nenhum.

TONHO — Cala essa boca!

PACO — Está confiando na sorte, Boneca do Negrão!

TONHO — Não quero mais conversa com você.

PACO — Agora a Boneca só fala com o negrão. Mina certinha é assim. O negrão está bem servido.

TONHO — Poxa, Paco, vê se me esquece.

(Pausa. Tonho deita-se de costas para Paco.)

PACO — Volta pra casa do papai, Boneca. Lá o negrão não pega você. *(Pausa.)* Lá no mercado você está de barra suja. Se eu fosse você, não ia mais lá. *(Pausa.)* Amanhã vai ser fogo pra você. Todo mundo vai te tomar o pelo.

TONHO — Amanhã não vou no mercado.

PACO — Vai procurar emprego com esse sapatão jogado-fora?

TONHO — Não. Tenho um troço pra vender. Vou andar por aí. Se passar pra frente, pego um bom dinheiro.

PACO — O que é?

TONHO — Um troço que o chofer deu pra vender pra ele.

PACO — Mas que troço é?

TONHO — Não é da sua conta.

PACO — Mas você pode falar, poxa!

TONHO — Pra que falar? Pra você dar azar?

PACO — Não sou que nem você que seca o sapato dos outros.

TONHO — Eu não seco nada.

PACO — Vive invejando meu pisante.

TONHO — Não é nada disso. Só queria emprestado seu sapato por um ou dois dias. Isso não é secar.

PACO — Não, não é! Você se invoca comigo todo dia por quê? Inveja!

TONHO — Me invoco porque você só sabe encher o saco.

PACO — Tentar te abrir o olho é encher o saco? Tá bom, daqui pra frente não aviso mais nada.

TONHO — Você, pra avisar, faz uma onda do cacete.

PACO — Onda, não. Você é que custa pra se mancar das coisas.

TONHO — Você que estica tudo. Um trocinho assim, você deixa desse tamanho.

PACO — Tá bom, eu que estico. Aparece amanhã no mercado pra você ver. Todo mundo vai chamar você de Boneca do Negrão.

TONHO — Deixa chamar.

PACO — Você vai gostar?

TONHO — Claro que não.

PACO — Então o que você vai fazer?

TONHO — Finjo que não é comigo.

PACO — Bela coisa! Não vai adiantar nada.

TONHO — Então o que você pensa que eu devo fazer?

PACO — Eu não penso nada.

TONHO — Mas você não acha nada?

PACO — Acho que você devia brigar com o negrão.

TONHO — Já te disse que não posso.

PACO — Só porque ele é grande? Quanto mais alto, maior o tombo.

TONHO — Não é isso, poxa. Eu estudei. Uma briga com o negrão não acaba nunca. Se eu acerto ele hoje, ele me pega de faca amanhã. Se escapo amanhã, ele me pega depois. Só acaba com a morte.

PACO — Mata ele.

TONHO — Eu estudei, meu chapa. Não estou a fim de apodrecer na cadeia por causa de um desgraçado qualquer.

PACO — Então volta pra casa do papai.

TONHO — Também não posso. Preciso acertar minha vida aqui. Lá naquela cidade não tenho o que fazer. Os empregos já estão ocupados, ou pagam menos que aí no mercado. Preciso acertar logo pra ajudar a minha família. Já fizeram um puta sacrifício pra eu estudar. Não sei como fui ficar nessa fossa.

PACO — É. Você está perdido e mora longe.

TONHO — Pra você ver. Minha situação não é mole. Por isso que às vezes perco a esportiva com você.

PACO — Não me venha com essa. Seu negócio comigo você já falou outro dia. É a bronca do meu pisa, que você acha legal paca. Até começou a dizer que eu tinha roubado.

TONHO — Não é nada disso.

PACO — É inveja. Por isso que você se invoca quando toco gaita.

TONHO — Deixa de bobagem, Paco.

PACO — Bobagem? Inveja é um troço que atrapalha a vida dos outros.

TONHO — Meu problema é outro. Eu fico pensando na minha casa, no meu pessoal.

PACO — Corta essa onda! Essas suas histórias me dão um puta sono. Só sabe falar papai, mamãe. Poxa, que papo-furado esse seu. Depois não quer que a moçada te ache fresco.

TONHO — É, acho que você tem razão... *(Pausa.)* Eu acho que é isso mesmo. Implico com você por causa do sapato.

PACO — Confessou que tem inveja de mim. Eu já sabia desde outro dia.

TONHO — Não é inveja de você, que é um coitado. É por causa dos meus sapatos, que são velhos. Eu tenho vergonha deles.

PACO — O meu pisante é novo e bonito.

TONHO — Um pouco grande pra você.

PACO — Boto um pouco de jornal e ele fica uma luva.

TONHO — Pra mim, que sou mais alto que você, ele deve servir direitinho.

PACO — Mas é meu.

TONHO — Eu sei... Eu sei...

(Pausa longa. Paco começa a tocar a sua gaita. Tonho fuma. Depois, pega do seu paletó, que está debaixo do travesseiro, um revólver.)

TONHO — Sabe, Paco, às vezes eu até penso que você é um bom chapa.

PACO — Está afinando, paspalho?

(Tonho aponta o revólver para Paco.)

TONHO — Estou pensando seriamente em conseguir um sapato igual ao seu.

PACO — Pede pro negrão. *(Ri.)*

(Paco vê o revólver na mão de Tonho, para de rir.)

PACO — Que é?... Poxa, não vem com ideia de jerico pra cima de mim... Que é?... Quer roubar meu pisante?

TONHO — Não precisa ficar com medo. Não vou te roubar. O berro está sem bala.

PACO — Pra que isso, então?

TONHO — Foi o que o cara lá no mercado deu pra eu passar nos cobres.

PACO — Poxa, pensei... Poxa, você é um bom cara. Fiquei encagaçado. Pensei que você ia afanar o meu sapato.

TONHO — Não tinha pensado nisso, mas até que é boa ideia.

PACO — O revólver está sem bala, lembra? Você mesmo que falou.

TONHO — É, está sem bala.

PACO — É bom não esquecer isso. Que, sem arma, ninguém bota a mão no meu sapato.

TONHO — Pode ficar sossegado, não vou tentar.

PACO — *(Pega um alicate.)* Agora fique sabendo de uma coisa: se vier com parte de besta, vai levar ferro.

TONHO — Você é muito valente.

PACO — Não tem negrão nenhum pra tirar dinheiro de mim.

TONHO — Corta esse papo!

PACO — Então não se mete comigo.

(Pausa.)

TONHO — Só queria saber onde você conseguiu esse sapato.

PACO — Já falei. Um cara me deu.

TONHO — A troco de nada?

PACO — Ele me viu tocar, gostou e me deu.

TONHO — Poxa, não mente.

PACO — Não estou mentindo.

TONHO — Você vai querer que eu engula essa conversa?

PACO — Se não quiser acreditar, se dane.

TONHO — Poxa, você toca mal paca.

PACO — Gaita eu toco mal, paspalhão. Eu estou tentando aprender. Mas na flauta eu sou cobra.

TONHO — Você toca flauta?

PACO — Eu tiro tudo quanto é chorinho.

(Pausa longa. Tonho pega o maço de cigarros, acende um.)

TONHO — Quer fumar?

PACO — Vai me dar um?

TONHO — Pega.

(Joga um cigarro.)

PACO — Puta milagre!

(Os dois fumam em silêncio.)

TONHO — Onde você aprendeu a tocar flauta?

PACO — No asilo. Lá eles ensinam pra gente!

TONHO — Onde foi parar a sua flauta?

PACO — Passaram a mão nela.

TONHO — E o otário deixou. Onde estava o alicate?

PACO — Eu estava chapado paca. Me apaguei na calçada mesmo. Quando acordei, cadê a flauta? Algum desgraçado tinha passado a mão nela. Daí, me estrepei do primeiro ao quinto.

TONHO — Por que não compra outra?

PACO — Como? Ganhava grana com a flauta, tocando aí pelos bares. Sem ela, tubulei. Me virando aí pelo mercado, estou perdido e mal pago.

TONHO — É.

PACO — Mas, quando aprender gaita, adeus, mercado. Dou pinote. Me largo na vida de novo. Não quero outra coisa. Só ali no come-e-dorme. Pelos bares, enchendo a caveira de cachaça, às custas dos trouxas. Você precisa ver, seu. Arrumava cada jogada! Sentava na mesa dos bacanas. Bebia, bebia, bebia, tocava um pouquinho só e metia o olho na coxa da mulherada. Era de lascar. Poxa, vida legal eu levava.

TONHO — Se quiser treinar nessa gaita, treina.

PACO — O negócio é esse.

(Paco começa a tocar.)

TONHO — Eu só queria um par de sapatos. Eu, às vezes, fico morto de vergonha quando na rua olho para os pés das pessoas que passam. Todos calçam um pisante legal. Só eu que uso essa porcaria toda furada. Isso me deixa na fossa... Chego até a pensar em me matar.

(Paco tira um som monstruoso da gaita. Paco para de tocar e fica olhando fixo para Tonho. Depois cai na gargalhada.)

TONHO — Qual é a graça?

PACO — Poxa, você é cheio de piada.

TONHO — Você é uma besta.

PACO — Posso ser uma besta, mas tenho um puta sapato bacana.

TONHO — Toca essa merda. Enquanto toca, você não fala besteira.

(Paco ri e começa a tocar balançando o pé provocadoramente.)

TONHO — Pare com essa pata.

PACO — *(Rindo.)* Você manda, chefe.

(Pausa.)

TONHO — *(Como desculpa.)* Eu ando bronqueado... É por causa desses sapatos.

(Paco volta a tocar.)

TONHO — Se eu tivesse esses sapatos, tudo seria fácil. Eu arranjava um bom emprego. *(Pausa.)* Sabe, Paco, eu estive pensando que você podia me emprestar o seu sapato.

PACO — Ficou goiaba?

TONHO — Só até eu arrumar emprego.

PACO — Olha pra minha cara. Vê se eu tenho cara de trouxa.

TONHO — É só pra me ajudar. Depois que eu tiver trabalhando, te ajudo a comprar a flauta.

PACO — Olha pra você. *(Faz gesto.)*

TONHO — Poxa, você não entende nada.

PACO — Te manjo, vagabundo. Te empresto meu pisante, você se manda e eu fico no ora-veja.

TONHO — Não é nada disso. Só pensei...

PACO — Pensando morreu um burro.

TONHO — Que devia ser teu pai.

PACO — Que dormia com sua mãe.

TONHO — Chega, pombas!

PACO — Chega uma ova!

TONHO — É melhor calar a boca.

PACO — Cala a tua primeiro.

TONHO — Está bem.

PACO — Pô, só sabe agourar meu sapato.

TONHO — Chega, poxa!

PACO — É isso mesmo. Toda noite é o mesmo papo-furado. Ando até apavorado de tirar o pé do sapato. Tenho medo de dar sopa e você afanar.

TONHO — Não sou ladrão.

PACO — Sei lá!

TONHO — É melhor mixar esse assunto.

PACO — Você que começou.

TONHO — Então acaba.

PACO — Acaba.

(Os dois ficam quietos.)

TONHO — Só preciso de um sapato. Eu estudei, poxa. Podia ser até alguém na vida. Sou inteligente, podia ter uma chance. Não precisava viver nessa bosta como um vagabundo qualquer. Tenho que aturar até desaforo.

PACO — Você fala bonito.

TONHO — Só preciso de um sapato.

PACO — E daí? Eu só precisava da flauta.

(Tonho acende um cigarro. Está nervoso.)

TONHO — Estou pensando...

PACO — Você pensa muito, vai acabar queimando a mufa.

(Pausa.)

TONHO — Já dormiu, Paco?

PACO — Não.

TONHO — Tá pensando em quê?

PACO — Se eu tivesse a minha flauta, me mandava agora mesmo. Não ia te aturar nem mais um pouco. Você é chato paca.

TONHO — Você pensa que eu te adoro? Se tivesse sapato, já tinha me mandado.

(Paco começa a tocar.)

TONHO — Poxa, você precisa mesmo da flauta. Na gaita, você é uma desgraça.

PACO — Sem sapatos, você não vai longe. Não vai fugir do negrão. Só vai entrar bem.

TONHO — *(Gritando.)* Eu preciso de um sapato. Eu preciso de um sapato novo.

PACO — Boa, durão. Gritar como uma múmia resolve paca.

TONHO — É... Não sei o que fazer.

PACO — Você está bem estrepado. Não tem sapato. Não pode mais dar as caras no mercado. Não quer voltar pra casa do papai.

TONHO — Não quero voltar, não. Não posso aparecer desse jeito lá em casa.

PACO — Eu sei de uma saída pra você.

TONHO — Qual é?

PACO — Você não vai topar.

TONHO — Fala.

PACO — Compra uma bala e apaga o negrão.

TONHO — Você é louco. Não sou assassino. Eu estudei...

PACO — Eu sei, eu sei. Tem família e prefere ser a Boneca do Negrão.

TONHO — Prefiro nada.

PACO — Então mete um caroço na testa do bruto.

(Pausa.)

TONHO — O crime não resolve.

PACO — Pelo menos o negrão não te torrava a paciência nunca mais.

TONHO — Eu não quero matar ninguém. Só queria me livrar dessa joça de vida.

PACO — Dá um tiro na orelha.

TONHO — Você só diz besteira.

PACO — Poxa, as saídas que eu encontro você nunca quer.

TONHO — Tem de haver um jeito direito de eu me aprumar na vida.

(Pausa longa.)

PACO — Oi...

TONHO — Que é?

(Pausa.)

PACO — Sabe o que você podia fazer para se acertar?

TONHO — Fala.

PACO — Você tem um berro, os outros têm sapato.

TONHO — E daí?

Paco — A razão pode estar do seu lado, poxa!

TONHO — Não entendo. Fala claro.

PACO — Você é um trouxa. Não manja nada. Vai morrer sendo a Boneca do Negrão. Tem a faca e o queijo na mão e não sabe cortar. Poxa, já vi muito cara louco, mas você é o rei. Quero que se dane!

(Paco se vira pra dormir. Tonho fica pensativo. Acende um cigarro e fuma. Luz apaga devagar. Fim do terceiro quadro.)

Quarto Quadro

(Tonho está deitado, entra Paco.)

PACO — Poxa, você fez bem em não baixar no mercado. Todo mundo procurou paca a Boneca do Negrão. *(Ri.)* O negrão ficou uma vara. Não pegou no batente contando com o achaque que ia dar em você, se estrepou. Não arrumou grana nem pra tomar uma pinga. A moçada gozou a cara dele às pampas. Todo mundo tirou sarro. Falavam: Poxa, negrão, cadê a Boneca? Secou? A mina te passou pra trás? O negrão não dizia nada, mas se via que ele estava uma vara.

(Pausa.)

PACO — Como é? Vendeu o revólver?

TONHO — Não. Eu não saí daqui o dia todo.

PACO — Nem pra comer?

TONHO — Não tenho fome.

PACO — Assim você vai tubular.

TONHO — Que se dane!

PACO — Poxa, mas você não ia sair pra vender a arma?

TONHO — Desisti.

PACO — Por quê?

TONHO — Com essa pinta aqui, com esse sapato de merda, sair oferecendo revólver por aí, além de ninguém querer comprar, era capaz de acabar indo preso.

PACO — Preso?

TONHO — Eram capazes de pensar que eu era um ladrão que arrumou essa arma em algum assalto. Eles sempre pensam o pior de um cara mal-vestido.

PACO — Tem disso.

TONHO — Pra você ver.

PACO — Quem tem que ver é você, que está perdido e mal pago. *(Pausa.)* Do jeito que vai a coisa, a única saída sua vai ser voltar pra casa do papai.

TONHO — Pensei bastante nisso hoje. Só não me mandei porque não tenho dinheiro nem para a passagem.

PACO — E não vai ser mole arrumar. O que você arranjar no mercado o negrão vai te tomar. Ainda mais agora que a moçada só te chama de Boneca do Negrão, ele está cheio de razão.

TONHO — Não apareço mais na droga do mercado. Se for lá, sou capaz até de fazer uma besteira.

PACO — Devia ir e fazer. Homem macho por muito menos desgraça um. E tem que ser assim. Ou segura as pontas firme, ou então a canalhada monta. Se eu fosse você, ia lá hoje mesmo e botava pra jambrar. Começava no negrão. Chegava nele e dizia: Quero bater um papo com você, ninguém pode escutar. Enrolava, enrolava e quando ele estivesse entrando na minha, eu mandava ele pro inferno. Se alguém ciscasse, dava uma igual. *(Pausa.)* Também tem um negócio. Eu entrava de sola, mas eu não sou Boneca de nenhum negrão. Agora, você, não sei. Os caras lá me perguntaram o que eu achava de você. Eu disse que não sabia. Que comigo você nunca desmunhecou. Também disse que vai ver que você se enrustia comigo porque sabia que eu só vou de mulher.

TONHO — Você disse isso? Você é nojento!

PACO — Nojento é você, Boneca do Negrão.

TONHO — Como você pode dizer uma coisa dessa de mim?

PACO — Eu digo mesmo. Não ponho a mão no fogo por ninguém.

TONHO — Vida desgraçada! Tem que ser sempre assim. Cada um por si e se dane o resto. Ninguém ajuda ninguém. Se um sujeito está na merda, não encontra um camarada pra lhe dar uma colher de chá. E ainda aparecem uns miseráveis pra pisar na cabeça da gente. Depois, quando um cara desses se torna um sujeito estrepado, todo mundo acha ruim. Desgraça de vida!

PACO — Poxa, mas é assim mesmo. Que é que você queria? Que alguém fosse se virar por você? Se quiser isso, está louco. Vai acabar batendo a cuca no poste. Poxa, você acha que eu é que vou andar dizendo por aí que você não é bicha? Quero que você se dane! Se não é Boneca do Negrão, vai lá e limpa sua barra.

TONHO — É assim mesmo. *(Pausa.)* Paco, uma vez na vida você podia fazer uma coisa decente. Podia ajudar um cara que está estrepado mesmo.

PACO — Não dou arreglo. Mesmo que possa, não dou bandeja pra sacana nenhum. Nunca ninguém me deu nada.

TONHO — Esse cara que te deu o sapato, não te ajudou?

PACO — Ajudou nada. Ele deu o pisa porque queria que eu andasse soprando flauta. Se não fosse isso, estava descalço até hoje. Você acha que alguém dá alguma coisa de graça pra alguém? Só você mesmo, que foi dar grana pro negrão.

(Pausa.)

TONHO — Você deve ter levado uma vida desgraçada pra não acreditar em ninguém.

PACO — Poxa, que onda é essa? Vida desgraçada é a sua. A minha sempre foi legal. Nunca ninguém folgou com minha cara. Vida azarada é a sua. Não tem pisante, não tem coragem de botar os peitos com o negrão, é bicha e tudo. Agora não enche o saco com a minha vida. Ela até que está legal. E ainda pode melhorar. É só eu aprender a tocar gaita.

(Pausa.)

TONHO — Hoje eu pensei em muita coisa.

PACO — E daí?

TONHO — Eu sei como você pode conseguir uma flauta.

PACO — Por que você não pensa pra você?

TONHO — Pensei. E como eu posso conseguir o sapato, você pode conseguir a flauta.

PACO — Como?

TONHO — Com dinheiro.

PACO — Poxa, você é bidu paca, Boneca.

TONHO — Acontece que sei onde tem dinheiro.

PACO — Eu também sei. No Banco do Brasil.

TONHO — Dinheiro fácil de pegar.

PACO — Então conta pro negrão.

TONHO — Estou falando sério, paspalho.

(Pausa.)

PACO — Se abre de uma vez. Onde está a grana?

TONHO — No parque.

PACO — Ele nasce em árvores, né, Boneca?

TONHO — Não, imbecil! No bolso dos trouxas.

PACO — É só pedir que eles dão pra gente.

TONHO — É só pedir e apontar isso.

(Tonho mostra o revólver. Os dois ficam em silêncio.)

PACO — Um assalto?

TONHO — É. Um assalto.

(Pausa. Os dois se olham fixo nos olhos.)

PACO — Pode ser sua saída.

TONHO — E sua também.

PACO — Não estou no mato.

TONHO — Não precisa da flauta?

PACO — É... Isso é...

(Pausa.)

TONHO — Como é?

PACO — Como é o quê?

TONHO — Você topa?

PACO — Topo! *(Pausa.)* Você está me gozando, poxa?

TONHO — Não. Falei sério.

PACO — Pode ser uma boa pedida.

TONHO — É minha saída.

PACO — Devia ter pensado nisso antes.

TONHO — Não gosto disso. Só vou entrar nessa porque não vejo outro jeito de me arrumar. Se não fosse aquele maldito negrão, eu acabava me ajeitando à custa do trabalho. Também, se der certo, não me meto em outra, pode crer.

PACO — Chega de ficar aí chorando como uma múmia. Vamos apanhar logo o trouxa.

TONHO — Devagar com o andor.

PACO — Devagar nada. Vamos firme, que não tem mosquito.

TONHO — É preciso bolar o plano.

PACO — Mas, poxa, pra que perder tempo com frescura? Do jeito que vier, a gente estraçalha e fim.

TONHO — Espera aí, Paco. Não se afobe.

PACO — Poxa, mas você é cheio de frescura.

TONHO — Frescura, não. Só que não vou entrar a olho.

PACO — Vá então, desembucha logo sua bolação de uma vez.

TONHO — Nós vamos assaltar um casal de namorados.

PACO — Até aí é legal.

TONHO — É o que tem de mais fácil. A gente fica em lugar escuro, os namorados vão ali pra bolinar, a gente ataca.

PACO — Poxa, como você é biduzão. Juro que nunca ia pensar que um troço tão legal desse ia sair de sua cachola. Juro por Deus, poxa! Esse negócio que você bolou é bárbaro!

TONHO — Entendeu a jogada?

PACO — Estou inteirinho por dentro. A gente limpa o sujeito, espanta ele e passa a mulher na cara.

TONHO — Ei! Nada disso!

PACO — Não morei nessa.

TONHO — Nada de fazer maldade com a moça.

PACO — Mas que maldade, seu?

TONHO — Essa de espantar o sujeito e judiar da moça.

PACO — Essa que é a tua?

TONHO — Natural! Só estou a fim de arrumar dinheiro.

PACO — E daí? Se podemos tirar um sarro, não vamos dispensar.

TONHO — Assim mixa o assalto.

PACO — Boneca é uma desgraça.

TONHO — Boneca, não. Vê lá como fala. Já me encheu o saco essa história.

PACO — Deixa de onda. É Boneca mesmo. Agora tive a prova. Não querer mulher é o fim da picada.

TONHO — Não sou tarado.

PACO — É bicha.

TONHO — Eu nunca vou agarrar mulher à força.

PACO — Não vai agarrar de jeito nenhum. É bicha.

TONHO — Corta esse papo.

PACO — Vai mijar pra trás?

TONHO — Não faço acordo com tarado.

PACO — Nem eu com Boneca de Negrão.

TONHO — Então cale a boca e fim.

PACO — Eu falo quanto quero. Não vai ser uma bichona que vai mandar em mim.

TONHO — Então fala sozinho.

PACO — Se me der na telha, falo mesmo.

(Pausa.)

PACO — Como é?

TONHO — Nada feito.

PACO — Poxa, mas é sua saída.

TONHO — Mas já vi que não vai dar certo.

PACO — Não seja afinado.

TONHO — Não adianta, já percebi.

PACO — Percebeu o quê?

TONHO — Que com você nada dá pé.

PACO — Comigo? Não sei por quê.

TONHO — Você é tarado. Eu só quero um sapato. Não vou desgraçar ninguém.

PACO — Não quer mulher?

TONHO — Na marra, não.

PACO — E você apanha de outro jeito?

TONHO — Claro. Sempre apanhei. Lá na minha terra eu tinha uma namorada que era um estouro.

PACO — Lá na sua cidade todo mundo é fresco como você. Aqui nunca te vi com mulher.

TONHO — Natural. Quem é que vai querer namorar com um sujeito assim? Com um sapato que é uma droga.

PACO — Isso é desculpa, mas em mim não gruda. Eu te manjo.

TONHO — Você fala muito, mas eu também nunca te vi com uma mulher.

PACO — Mas eu... *(Encabula, depois fica bravo.)* Eu pego mulher sempre. Quando eu tocava flauta, eu sempre me dava bem. Pergunte pra qualquer um.

TONHO — Mentira sua! Você é até cabaço.

PACO — Eu sempre tenho mulher. Estou te dizendo. Tenho a hora que quiser, está bem?

TONHO — Tem nada.

PACO — Não sou Boneca de Negrão.

TONHO — Não muda de assunto.

PACO — Eu quero saber do assalto. Isso é que quero saber.

TONHO — Não vai ter assalto nenhum, paspalho.

PACO — Então quem se dana é você.

TONHO — Problema meu. Agora, que você nunca teve mulher, eu sei bem.

PACO — Juro que tive.

TONHO — Teve coisa nenhuma.

PACO — Filho da puta!

TONHO — O pessoal lá no mercado precisa saber dessa história.

PACO — Vai ter coragem de aparecer lá? Vai, Boneca do Negrão?

TONHO — Vou lhe avisar uma coisa. Não me chame mais por esse apelido. Se chamar, vai ter.

PACO — Então não faz onda comigo.

TONHO — Se você me encher o saco, eu encho o seu.

(Pausa.)

PACO — Esqueceu o assalto?

TONHO — Vai assaltar sozinho, tarado.

PACO — Você não quer uma pisa?

TONHO — Pode deixar que eu cuido de mim.

PACO — Então cuida. Mas no mercado você não pode aparecer. *(Ri.)*

(Luz apaga devagar. Fim do quarto quadro.)

Quinto Quadro

(Paco está deitado tocando gaita, entra Tonho.)

PACO — Poxa, onde você se meteu?

TONHO — Não tenho que te dar satisfação

PACO — Você não apareceu no mercado. Eu vim aqui, não te achei. Eu precisava falar com você..

TONHO — O que você quer?

PACO — A gente precisa bater papo sobre o assalto.

TONHO — Nada feito.

PACO — Poxa, a gente pode acertar o pé.

TONHO — Ou se estrepar de uma vez.

PACO — Mais embananado do que você já está, não vai poder ficar.

TONHO — Quando se está de azar, tudo dá errado.

PACO — Mas que nada! Tudo sai direito.

TONHO — Não conte comigo.

PACO — Poxa, mas você está cheio de minhoca na cabeça. Vai ser moleza.

TONHO — Então vai sozinho.

PACO — Mas você que está a perigo. O negrão não te esquece. Hoje ele queria vir aqui te apertar. Eu é que tirei ele de onda. Disse pra ele que você era legal, falei do assalto e tudo. Ele achou boa pedida. Vai até fazer um igual.

TONHO — Então vai com ele.

PACO — Ele me sacaneou. Vai levar o Carocinho no meu lugar.

Poxa, aquele negrão é cheio de chaveco. Me passou pra trás direto.

TONHO — Poxa, ele não é seu amigo?

PACO — Amigo o cacete! Eu não sou amigo de homem.

TONHO — Tomara que a polícia pegue ele.

PACO — Pega nada! O negrão dá uma sorte bárbara. Sempre tem um cara dando moleza pra ele. Arrumou você pra cafetinar... e hoje o filho da puta me levou no bico. Dei toda a ficha do assalto pro desgraçado e ele não me deixou ir junto. Vai levar aquela besta do Carocinho, um miserável que não é de coisa nenhuma.

TONHO — Benfeito, pra você aprender. Mas por que não deixaram você ir junto?

PACO — Foi o negrão. Disse que eu sou muito porra-louca.

TONHO — Nisso ele tá certo.

PACO — Tá certo o quê? Ele é uma besta, e aquele Carocinho vai entrar bem comigo. Não tinha nada que botar o nariz nessa jogada.

TONHO — Você é metido a malandro, mas todo mundo te leva.

PACO — Deixa isso pra lá. Vamos fazer o assalto, poxa! Um troço legal pra gente fazer tá aí.

TONHO — Vai sozinho.

PACO — Sozinho não dá pé. Se o cara resolve encarar, é um contra um e engrossa tudo. Vamos nós dois. A gente fica mais perigoso que o negrão e a besta do Carocinho. Daí o negrão tem que te respeitar.

TONHO — Eu não quero nem ouvir falar nesse negrão.

PACO — Poxa, mas como você vai se livrar dele? Só pegando nome de cara estrepado.

TONHO — É... Sei lá... Esse negrão é a minha desgraça.

PACO — Você podia apagar ele. Se você quiser, eu tomo conta do Carocinho.

TONHO — Não, meu negócio não é esse.

PACO — Então tem que ser o assalto.

TONHO — Também não.

PACO — Vai querer voltar pra casa do papai como uma bichona?

TONHO — Que merda!

(Tonho anda nervoso de uma lado para outro.)

PACO — Sua saída tem que ser o assalto. Você pode conseguir o pisante que quiser. Pode até fazer o cara ficar nu e pegar a roupa dele pra você. É a sua chance, poxa!

TONHO — Olha, Paco, meu terno, se eu mandar no tintureiro, ainda quebra um galho. Só preciso mesmo é de um sapato. Você podia emprestar o seu.

PACO — Neca! Pode tirar isso da cachola.

TONHO — Só por umas horas.

PACO — Não. Sua saída é o assalto. Você limpa sua cara, ninguém vai te chamar de Boneca do Negrão, nem nada.

(Pausa longa.)

PACO — Poxa, quem bolou o negócio foi você mesmo. *(Pausa.)* Não precisa do pisante?

TONHO — E você da flauta.

PACO — Então vamos pôr a cara.

TONHO — Podia ir. Mas se tivesse certeza de que você não ia bancar o tarado.

PACO — Logo eu? Mas que é isso? *(Pausa.)* Você está com bronca minha à toa. *(Pausa.)* A gente deixa a mulher pra lá. *(Pausa.)* Juro que não faço nada pra mulher.

TONHO — Você jura?

PACO — Juro por Deus.

TONHO — Jura que só faz o que eu mandar?

PACO — Pela alma de minha mãe. Quero que ela se dane de verde e amarelo no inferno, se eu te sacanear. *(Pausa.)* Deixa de frescura e vamos logo.

TONHO — Ainda não sei se vou.

PACO — Então resolve logo.

TONHO — Pode dar azar.

PACO — Vamos firme. O negrão e o Carocinho já devem estar lá.

TONHO — Não tenho nada a ver com eles. Quero que eles se danem.

PACO — Eu também. E o Carocinho, que se dane mais pra deixar de ser abelhudo.

TONHO — Está bom. Vamos meter a cara e seja o que Deus quiser.

PACO — Boa, Tonho! Vamos nós.

TONHO — Mas tem um porém...

PACO — Se abre.

TONHO — Eu que mando mesmo.

PACO — Já falei que topo, poxa.

TONHO — E se você se fizer de besta, te apronto um chaveco.

PACO — Está bem, seu!

TONHO — Assaltamos os namorados e é só. Eu aponto o revólver, eles se apavoram, limpamos o cara e damos no pé.

PACO — Mas o revólver está sem bala. Você mesmo disse.

TONHO — Quem vai saber? Só se a gente contar.

PACO — E se o cara não puser o galho dentro? Pode ser um cara de briga e sair no pau. E a mulher pode gritar paca.

TONHO — Não grita, não. Vai por mim.

PACO — Se eles espernearem, dou uma paulada na cabeça do desgraçado.

TONHO — Nada disso.

PACO — Se complicar, dou.

TONHO — Só faz o que eu mandar.

PACO — Mas, poxa, se a mulher botar a boca no trombone? Quer que todo mundo flagre a gente com a boca na botija? Dou uma na cuca do cara e fim. Calam o bico na hora.

TONHO — Não precisa nada disso.

PACO — Se se assanharem, precisa.

TONHO — Está bem. Se eu mandar, você dá.

PACO — Se gritarem, levam pau.

TONHO — Só se gritarem, então.

PACO — Poxa, claro que é! Se ficarem bonzinhos, não precisa porrada.

TONHO — Veja lá o que vai aprontar.

PACO — Deixa de frescura e vamos logo.

(Paco vai sair, Tonho fica sentado.)

PACO — Poxa, você vai ficar aí parado?

(Tonho vacila.)

TONHO — Acho que não tem remédio. Vamos nós.

PACO — Positivo! Vamos pras cabeças.

(Paco vai sair, Tonho o segura.)

PACO — Mas que é agora?

TONHO — Eu que mando, entendeu? Você só faz o que eu mandar! Entendeu bem? Eu que mando.

PACO — Claro, chefe. Você que manda. Mas vamos logo, chefe.

(Os dois saem. Pano fecha. Fim do primeiro ato.)

II ATO

(Pano abre, vão entrando Tonho e Paco. O primeiro traz um par de sapatos na mão e, nos bolsos, as bugigangas roubadas. Está bastante nervoso. Paco traz um porrete na mão e está alegre.)

PACO — Belo serviço.

TONHO — Você é um miserável!

PACO — Não começa a encher o saco.

TONHO — Não precisava bater no cara.

PACO — Bati e pronto.

TONHO — Agora a polícia vai pegar no teu pé.

PACO — Os tiras não sabem quem foi.

TONHO — O sujeito que levou a porrada sabe.

PACO — Ele está estarrado.

TONHO — Vai sarar e te entrega.

PACO — Que nada! Aquele se acabou de vez.

TONHO — Deus queira que não.

PACO — Poxa, meu! Naquele nem Deus dá jeito. Mandei o desgraçado direto pras picas.

TONHO — E a mulher? Esqueceu da mulher?

PACO — Que tem ela?

TONHO — Ela também viu seu focinho.

PACO — E daí? Eu também vi o dela.

TONHO — Ela te entrega pros tiras.

PACO — Eu quero que ela se dane. Ela não sabe onde eu moro.

TONHO — Ela descreve o seu tipo e a polícia te acha.

PACO — Poxa, tira não é bidu. Não acham ninguém.

TONHO — Não, é? Quero ver quando eles te pegarem.

PACO — Não me aporrinha, seu! A mulher tinha cara de fuinha, deve ser uma burrona. De corpo ainda quebrava um galho. Mas de cara era um bofe. Não vai descrever ninguém.

TONHO — O único sabido é você.

PACO — Eu sou mesmo.

TONHO — Espera pra ver. Vai em cana direto.

PACO — Se eu for em cana, quem se estrepa é você.

TONHO — Quem derrubou o cara é que se dana.

PACO — E foi legal pra chuchu. Poff... E o cara caiu que nem um balão apagado.

TONHO — Podia ser muito fácil. Não precisava bancar o valente.

PACO — Bancar o valente, o cacete! Dei pra valer. Sou mau paca. Pra mim, não tem bom. Você viu no parque. O cara se fez de besta, tomou o dele.

TONHO — O cara não fez nada. Tomamos o que queríamos, era só vir embora. Não precisava bater.

PACO — Bati. E daí? Vai se doer por ele?

TONHO — Eu, não. Mas a polícia vai.

PACO — Você me torra o saco com essa história de polícia.

TONHO — Natural.

PACO — Natural o quê? Você está é cagado de medo.

TONHO — Claro. Eu não quero ser preso.

PACO — Cadeia foi feita pra homem.

TONHO — Não pra mim.

PACO — Você é melhor que os outros?

TONHO — Eu estudei.

PACO — Bela merda! Pra levar a vida que você leva, tanto faz estar preso ou solto. *(Pausa.)* E tem um negócio: Se um cara fresco como você vai em cana, está perdido e mal pago. A turma se serve às tuas custas. Logo vira a Boneca de todos. Mas disso acho que você vai até gostar, porque é bicha mesmo.

TONHO — Tomara que a polícia te pegue logo.

PACO — Já te falei que se me pegarem o azar é seu.

TONHO — O meu negócio é leve. Uns três meses. Agora você fica apodrecendo lá.

PACO — Não sei por que eu vou ficar mais tempo que você.

TONHO — Eu sei. Você usou violência. É perigoso. Fica guardado.

PACO — Você é o chefe.

TONHO — Quem tem chefe é índio.

PACO — No assalto do parque você era o chefe.

TONHO — Não era chefe de coisa nenhuma.

PACO — Claro que era, poxa! Você ficou aí berrando um cacetão de tempo: *(Imita Tonho.)* Eu é que mando! Eu é que mando! Na minha terra quem manda é o chefe.

TONHO — Canalha!

PACO — É a mãe.

TONHO — Nojento.

PACO — Nojento é você, que quer tirar o ló da seringa.

(Pausa.)

TONHO — Deus queira que você não tenha machucado muito o cara.

PACO — Não fica secando. Aquele morreu e fim.

TONHO — Você quer que o cara morra?

PACO — Claro, poxa! A porrada que dei foi pra matar.

TONHO — Você é um animal.

PACO — Vá à merda!

TONHO — Eu vou dar o fora. Agora que eu tenho meu sapato, posso me arrumar. Posso, não. Vou. Arrumo um emprego de gente e ajeito a vida.

PACO — E eu?

TONHO — Quero que você se dane!

PACO — Você se arranja e eu fico jogado fora?

TONHO — Problema seu.

PACO — Poxa, você não vai se arrumar às minhas custas.

TONHO — Deixa de onda. Eu nunca mais vou querer escutar falar de você. Não te aturo mais.

PACO — Mas vai ter que engolir. Vai escutar muito falatório de mim.

TONHO — Essa, não.

PACO — Não? Você vai ver. Você não me conhece. Eu sou mais eu. Eu sou Paco. Cara estrepado. Ruim como a peste. Agora vou ser mais eu. Se o desgraçado do parque se danou, melhor. Minha fuça vai sair em tudo que é jornal. Todos vão se apavorar de saber que Paco, o Perigoso, anda solto por aí.

TONHO — Você é um maluco.

PACO — Boa! Paco Maluco, o Perigoso. Assim que eu quero que os jornais escrevam de mim. Vai ser fogo. Os namorados do parque não vão ter sossego. E a tiragem nunca me apanha. Pode espalhar por aí que Paco Maluco, o Perigoso, disse que não nasceu polícia pra pegar ele. Daqui pra frente, vai ser broca. Como chefe você era uma droga. Cheio de grito, cheio de bafo, mas não era de nada. Mas tem um porém: só pra você não dizer que eu sou sacanajeiro, vou te botar de segundo chefe. Você vai ajudar a maneirar a moçada.

TONHO — Que moçada, paspalho?

PACO — Dobra a língua, filho de uma vaca! Paspalho é a tua mãe. Com Paco Maluco, o Perigoso, você tem que ter cuidado ou cai do burro. Vou te dar uma colher de chá, mas abre o teu olho. Se folgar, leva ferro. Você vai ser o segundo chefe pra ajudar a tomar conta da moçada que eu vou botar no nosso gango. Paco Maluco, o Perigoso, quer ser chefe de muita gente.

TONHO — Acabou?

PACO — Não. Tem mais. Daqui pra frente, não vamos assaltar só por dinheiro. Eu quero a mulher também. Vai ser um negócio legal. Eu vou ter uma faca, um revólver e meu alicate. Limpo o cara, daí mando ele ficar nu na frente da mulher. Daí, digo pra ele: Que prefere, miserável? Um tiro, uma facada ou um beliscão? O cara, tremendo de medo, escolhe o beliscão. Daí eu pego o alicate e aperto o saco do bruto até ele se arrear. Paco Maluco, o Perigoso, fala macio pra mulher: Agora nós, belezinha. Começo a bolinar a piranha, beijo ela paca, deixo ela bem tarada e derrubo ela ali mesmo no parque. Legal!

TONHO — Agora acabou?

PACO — Quer mais?

TONHO — Escuta bem, então, Paco Maluco de merda. Você é nojento. E não pensa que eu sou o cara do parque. Se você se fizer de besta comigo, eu te acerto. E pra seu governo, não estou disposto a te aturar. E antes que eu me esqueça, nunca mais entro noutra fria dessas.

PACO — Vai mijar pra trás? Já sabia. Bicha é assim mesmo.

TONHO — Já te avisei.

PACO — Que é? Vai engrossar por quê? É bicha mesmo.

TONHO — É melhor você deixar de frescura comigo.

PACO — Quem tem frescura é você, que é bicha.

TONHO — *(Avança para Paco.)* Canalha!

PACO — *(Pega o porrete.)* Vem! Vem, viado!

(Tonho para.)

PACO — *(Zomba.)* Como é? Afinou?

TONHO — *(Se contendo.)* Vamos dividir a moamba. Quero ir embora.

PACO — Vai cair fora?

TONHO — Já vou tarde. Cansei de aturar você. *(Põe as bugigangas na cama de Paco.)* Está tudo aí. Vamos repartir de uma vez.

PACO — Vira o bolso.

TONHO — Está tudo aí. Vamos repartir e pronto.

PACO — Vira o bolso, e não estica o papo. Não adianta querer me engrupir. Tenho noventa anos de janela.

TONHO — *(Vira os bolsos para fora.)* Está contente?

PACO — Não venha com truque.

TONHO — Vai ser tudo meio a meio.

PACO — Assim é que é.

TONHO — Metade da grana pra cada um. *(Conta o dinheiro e dá a parte de Paco.)* A carteira pra mim, o relógio pra você. *(Cada um pega o seu.)* O anel pra mim, o isqueiro pra você. *(Cada um pega o seu.)* O broche pra mim, a pulseira pra você. *(Cada um pega o seu.)* Os brincos pra você, a caneta pra mim.*(Tonho vai pegar, Paco segura a mão dele.)* Que é?

PACO — A caneta vale mais.

TONHO — E daí? O relógio que ficou pra você vale mais que a carteira.

PACO — É igual.

TONHO — Não é, não. O relógio vale mais.

PACO — A caneta é minha. O brinco é seu.

TONHO — Mas o que você vai fazer com a caneta, Paco? Você não sabe escrever.

PACO — Vou vender.

TONHO — Vende o brinco.

PACO — Pra quem?

TONHO — Sei lá!

PACO — Só se for pra alguma bicha.

TONHO — E daí? Então vende.

PACO — Como a única bicha que conheço é você, fica com o brinco, e eu, com a caneta.

TONHO — Não faz onda, miserável.

PACO — Não é onda e não tem arreglo.

TONHO — Vou topar pra evitar encrenca.

PACO — Melhor pra você.

TONHO — Você fica com o cinto, e eu, com o sapato.

PACO — E no teu rabo não vai nada?

TONHO — Que é agora?

PACO — Pensa que vai me levar no bico?

TONHO — Não penso nada. Só quero o sapato.

PACO — Fica querendo.

TONHO — Mas só fiz o assalto por causa do sapato.

PACO — E eu pela flauta.

TONHO — E você não ia querer que o cara estivesse namorando com a flauta na mão.

PACO — De longe eu pensei que a mulher estivesse pegando a flauta do cara. *(Ri.)* Quando cheguei perto é que vi que não era flauta. *(Ri.)*

TONHO — Muito engraçado.

PACO — E agora, como vai ser?

TONHO — O sapato é meu.

PACO — E a minha flauta?

TONHO — Sei lá!

PACO — Você pensa que eu sou trouxa? Você arruma o seu pisante e eu fico sem a minha flauta? Banana pra você.

TONHO — Poxa, vende tudo e compra a flauta.

PACO — Assim ainda vá lá.

TONHO — Tá vendo, falando a gente se entende.

PACO — Sempre digo isso, mas parece que eu falo gringo, você custa pra morar no assunto.

TONHO — Bom, está tudo certinho.

(Paco começa a pegar todas as coisas.)

TONHO — Você está pegando as minhas coisas.

PACO — Que suas coisas?

TONHO — Pegou minha carteira e meu broche.

PACO — Seu, uma ova!

TONHO — Mas não ficou tudo acertado?

PACO — Claro que ficou.

TONHO — Então deixa as minhas coisas aí.

PACO — Só o sapato é seu. O resto é meu.

TONHO — Não se faz de besta.

PACO — Foi você mesmo quem quis.

TONHO — Eu, não.

PACO — Como não? Você falou: Vende tudo e compra a flauta.

TONHO — Tudo que é seu.

PACO — Muito malandro, você. Mas comigo, não. Escutei bem. Não sou surdo.

TONHO — Vamos, passa pra cá minhas coisas.

PACO — Está brincando!

TONHO — Não força a paciência!

PACO — Vou dar arreglo só pra encurtar o assunto. Mas não vai ser como você está pensando. Vai ser tudo mano a mano mesmo.

TONHO — Então anda logo.

PACO — Metade da grana pra cada um. Relógio, isqueiro, caneta e carteira, pra mim. Pulseira, anel, broche e cinta pra você. Topa?

TONHO — O brinco pra você, o sapato pra mim.

PACO — Não! Um brinco pra você, outro pra mim. Um pé de sapato pra você, outro pra mim.

TONHO — O sapato é meu.

PACO — Um pé pra cada um.

TONHO — Não seja burro. O que é que eu vou fazer com um pé de sapato?

PACO — Não sei, nem quero saber.

TONHO — O sapato é meu. Eu já falei mais de mil vezes. Eu só entrei nesse assalto por causa dele e vou ficar com ele.

PACO — Então o resto é meu.

TONHO — O resto meio a meio.

PACO — Aqui pra você! *(Faz gesto.)* Ninguém me leva no tapa.

(Pausa.)

TONHO — Está bem, Paco. Fique com tudo. Você me levou no bico, mas não faz mal.

PACO — Tapeei nada. O sapato vale mais.

TONHO — Vale, uma ova!

PACO — *(Rindo.)* Está bem! Te levei no bico. Mas não precisa chorar, não. Qualquer um é passado pra trás por Paco Maluco, o Perigoso.

(Paco examina as coisas e Tonho começa a se preparar pra ir embora. Pega um jornal de debaixo da cama, estica e começa a embrulhar as suas coisas.)

PACO — Olha, pega os brincos pra você. *(Paco joga os brincos em cima da cama.)* Quando for sair de brinco, avisa. Quero ver a bichona toda enfeitada. Vou morrer de rir.

(Pausa.)

PACO — Está juntando suas drogas?

(Tonho não responde.)

PACO — Pensa que vai embora?

TONHO — Penso, não. Vou.

PACO — Você não pode ir.

TONHO — Quem falou?

PACO — Eu.

TONHO — Bela merda!

PACO — Pois é, mas você não vai se mandar.

TONHO — E por que não?

PACO — Porque nós temos que ficar juntos.

TONHO — Você é besta. Não te aguento nem mais um minuto.

PACO — Mas vai ter que aguentar. Onde vai um, vai o outro.

TONHO — Não me faça rir. Só de olhar pro teu focinho, me dá vontade de vomitar.

PACO — Poxa, você quer se largar pra me entregar pra polícia. Pensa que eu não sei?

TONHO — Eu nunca faria isso.

PACO — Não confio em bicha.

TONHO — Bicha é você. E se não confia em mim, vai ter que confiar. Vou me arrancar e não quero nem saber.

PACO — Você está com pinta de entregador. Veja lá, vagabundo!

TONHO — Pode ficar sossegado. Só vou mesmo porque não te aturo mais.

PACO — Nem eu aturo você.

TONHO — Melhor assim. Cada um vai pro seu lado.

PACO — E se você me caguetar?

TONHO — Você faz o mesmo comigo.

PACO — E faço mesmo.

TONHO — Então pronto.

PACO — Pronto. *(Pausa.)* Você vai se mandar já?

TONHO — Agora mesmo.

PACO — Dorme aí hoje. Já pagou o quarto mesmo.

TONHO — Não quero nem saber. Vou já.

PACO — Poxa, mas você não tem lugar pra ficar.

TONHO — Me viro.

PACO — Pra onde você está querendo ir?

TONHO — Não é da sua conta.

PACO — Eu sei que não é, mas você podia dizer.

TONHO — Pra quê?

PACO — Pra mim ir lá de vez em quando bater um papinho com você.

TONHO — Pra você me encher o saco? Nunca!

PACO — Não é isso. É que alguém pode me dar algum recado pra mim te dar e eu vou lá te falar. Você não lembra daquele dia que aquele crioulão lá no mercado falou que ia te arrebentar de tanta porrada que ia te dar e que eu vim te avisar e você foi lá e limpou a tua cara com ele? Se não fosse isso, ele ia te apagar.

TONHO — Aquilo era naquele tempo. Agora não quero saber de negrão, nem de mercado, nem de droga nenhuma.

PACO — Sorte sua, então.

(Paco senta-se na cama. Pausa.)

TONHO — Escuta, Paco. Eu vou cuidar da minha vida. Agora que tenho sapato, vou me acertar. Estou cansado de curtir a pior aqui na rampa. Vê se você também se ajeita, compra a tua flauta e se arranca daqui. Aqui não dá futuro.

PACO — Eu vou comprar um revólver e uma faca, pra poder ser o perigoso dos namorados.

TONHO — Sua cabeça é seu guia. Mas é melhor você comprar a sua flauta.

PACO — Só se for pra atochar em você. Meu negócio é o revólver, que bota a razão do meu lado.

TONHO — Você é que sabe.

PACO — Sei de mim. Isso é que é.

(Começa a tocar a gaita. Tonho acaba de fazer seu embrulho e começa a calçar seu sapato, que não entra no seu pé, porque é muito pequeno.)

TONHO — Poxa, é pequeno pra mim.

PACO — Que é? Não quer entrar?

TONHO — É pequeno.

PACO — *(Rindo.)* Poxa! Molha o pé.

TONHO — Pra quê?

PACO — Talvez seu pé encolha. *(Ri.)*

TONHO — Já chega essa droga. Vê se não me enche o saco!

PACO — Poxa, quem manda ter a patola do tamanho de um bonde? *(Ri.)*

(Tonho insiste, mas nada consegue.)

TONHO — Só comigo acontece uma coisa dessas.

PACO — Você é pé-frio.

TONHO — *(Bate na madeira.)* Pé-frio, o cacete!

PACO — Usou tanto tempo a pata dentro daquele casco furado, que esfriou o pé.

TONHO — Pombas!

PACO — Pior é que vai ter que continuar usando o pisante velho.

TONHO — Que azar!

PACO — No próximo assalto, pergunta o número que o desgraçado calça.

(Tonho tenta mais uma vez, nada consegue. Paco, diante do novo fracasso, delira de alegria.)

PACO — Corta o bico do pisa. Vai de dedão de fora, mas vai. *(Ri.)*

TONHO — Não enche, poxa!

PACO — Está brava, bichona? Por causa do pesão?

(Tonho fica em silêncio, olhando com tristeza para seu sapato.)

PACO — Não vai se mandar?

TONHO — Com essa droga não dá.

(Paco estoura de rir. Começa a dançar e a cantar.)

PACO — A bichona tem pata grande
A patola da bicha é grande
Grande, grande, grande
A pata da bichona é grande
Ou o sapato é pequeno?

TONHO — *(Contém-se.)* Escuta, Paco.

PACO — Fala, patola.

TONHO — Você vê que azar que eu dei?

PACO — Agora você tem que fazer outro assalto.

TONHO — Não quero mais saber desse negócio. Eu só entrei nessa jogada porque precisava do sapato.

PACO — Poxa, chorar não adianta nada. Vamos sair pra outra.

TONHO — Pra mim, não dá mais. Não tenho estômago pra essas coisas. Eu estudei, Paco. Só tive aquela infeliz ideia do assalto porque precisava mesmo do sapato. Eu quero ser como todo o mundo, ter um emprego de gente, trabalhar.

PACO — Poxa, se você quer ser otário como todo o mundo, vai. Mas não começa a chorar, que isso me enche o saco.

TONHO — Mas como é que eu vou, se essa droga não me serve?

PACO — Só tem uma saída.

TONHO — Qual é?

PACO — Fazer outro assalto.

TONHO — Assalto não é saída. A gente faz um agora, sai bem. Amanhã faz outro, acaba se estrepando. Quando sai da cadeia, está ruim de vida novamente, tem que apelar novamente, mais uma vez. Assalto não resolve. Assalto é uma roda-viva que não para nunca.

PACO — Então você está estrepado de verde e amarelo.

TONHO — Estou. Mas sei o remédio. Você pode me ajudar.

PACO — Já vou te avisando que não sou camelo.

TONHO — Eu sei. Nem quero que você pense que estou querendo te enrolar.

PACO — Então desembucha de uma vez.

TONHO — Está bem. Olha, esse sapato aqui é pequeno pra mim.

PACO — Já sei disso.

TONHO — Eu sou mais alto que você, tenho o pé um pouco maior que o seu.

PACO — Pouco maior, o cacete! Sua patola só entra numa lancha.

TONHO — O que interessa é que você é mais baixo. Esse sapato deve te servir.

PACO — Quer vender? Mas eu já tenho pisa.

TONHO — Eu sei. Mas o seu sapato é um pouco grande pra você. Pra mim, que sou mais alto, ele deve servir direitinho.

PACO — E daí?

TONHO — A gente podia trocar de sapato.

PACO — Você é louco? Poxa, eu acho que ficou goiaba.

TONHO — Mas que tem? É uma troca legal. Você me ajuda, nós dois ficamos com sapato e eu posso ir cuidar da minha vida.

PACO — Eu quero que sua vida se dane.

TONHO — Mas, Paco, esse sapato serve direitinho em você!

PACO — E daí? Eu sou Paco Maluco, o Perigoso. Uso o sapato que eu quero.

TONHO — Mas é só pra me dar uma colher de chá.

PACO — Mas que colher de chá? Não sou igreja!

TONHO — Não custa nada trocar de sapato.

PACO — Você pensa que é muito malandro, mas da escola que você andou eu fui expulso. Quando você está indo, eu estou voltando. Sou vivo paca.

TONHO — Ninguém quer te enganar.

PACO — E mesmo que quisesse, não ia conseguir, bichona. Você é malandro lá pros teus machos, mas comigo, não!

TONHO — Em que você acha que eu quero te enganar?

PACO — Está na cara, bichona. A gente troca o pisante, você se manda. Quando os tiras te pegam, você sai bem, não tem nada com o assalto. E eu vou andando pela rua com essa droga, a mulher com cara de fuinha vê o pisa, bota a boca no trombone e é o fim do Paco Maluco, o Perigoso.

(Pausa.)

PACO — Que diz, bichona? Queria me levar no bico, mas não deu, né?

(Tonho fica sentado na cama olhando para o chão.)

PACO — Só tem uma saída. É fazer novo assalto. *(Paco enche bem o saco de Tonho.)* Agora, se a bichona não quiser, se tiver medo dos tiras, vai acabar andando descalça por aí. Poxa, vai ser gozado paca ver a bichona descalça, de brinco na orelha, rebolando o bundão. Quando ela passar no mercado então é que vai ser legal. Para tudo. A moçada vai se divertir. Eu, então, vou cagar de rir de ver a bichona. Todo mundo vai gritar: *(Fala com voz fina.)* Tonha! Tonha, Bichona! Maria Tonha, bichona louca! *(Ri.)* Tonha Bichona, arruma um coronel velhusco, ele pode te dar um sapatinho de salto alto. *(Ri.)* Poxa, está aí uma saída pra você, Tonha Bichona. *(Paco sacode Tonho.)* Estou falando com você, bichona. Falei que você pode arrumar um coronel velhusco e ele te dá um sapatinho de salto alto. *(Ri.)* Não vai arrumar? Você vai ficar uma boneca de salto alto e brinco na orelha. Poxa, Maria Tonha Bichona Louca, você não agradece?

(Tonho está contido, mas bem nervoso.)

TONHO — Pelo amor de Deus, Paco, me deixa em paz! Me deixa em paz!

PACO — Ai, ai, como a bicha é nervosa!

TONHO — *(Nervoso.)* Estou te pedindo, Paco. Pelo amor de Deus, me deixa em paz. *(Chorando.)* Minha vida é uma merda, eu já não aguento mais. Me esquece. Não quer trocar o sapato, não troca. Mas cala essa boca. Será que você não compreende? Eu estudei, posso ser alguma coisa na puta da vida. Estou cansado de tudo isso. De comer mal, de dormir nessa joça, de trabalhar no mercado, de te aturar. Estou farto! Me deixa em paz! É só o que te peço. Pelo amor de Deus me deixa em paz!

(Esconde a cabeça entre as mãos e chora nervosamente.)

PACO — Ai, ai, como a Tonha Bichona está nervosinha.

TONHO — Por favor, Paco. Chega! Chega!

PACO — Chega uma ova! Não tenho que aturar sua choradeira! Para de chorar, anda!

(Tonho se contém. Está lívido. Olha fixamente para Paco.)

PACO — Assim. Bicha tem que obedecer. Não gosto de choradeira de bicha. Não gosta da sua droga de vida, se dane! Dá um tiro nos cornos e não enche mais o saco dos outros. Quer continuar respirando, continua, mas ninguém tem nada com a sua aporrinhação. Precisa de alguma droga? Desaperta de arma na mão. Pra que serve esse revólver que você tem aí? Usa essa porcaria! Ou se mata, ou aponta pra cara de algum filho da puta, desses que andam por aí, e toma o que você quiser! Mas eu não quero mais escutar choradeira.

(Pausa.)

TONHO — Você tem razão. *(Pega o revólver e fica olhando fixamente para a arma.)* Você nunca mais vai escutar eu chorar. Nem você, nem ninguém. Pra mim, não tem escolha. O que tem que ser é. *(Continua olhando a arma.)*

(Pausa.)

PACO — Esse revólver não tem bala.

TONHO — Eu sei. Mas é fácil botar uma bala no tambor. *(Tira do bolso da calça uma bala e a olha fixamente, antes de colocá-la no tambor.)* Como vê, Paco, agora não falta nada.

(Paco está sentado na cama, meio assustado. Pausa.)

PACO — Que vai fazer?

TONHO — Estou pensando.

PACO — Você vai se matar?

(Pausa.)

PACO — Você vai se matar?

(Pausa.)

PACO — Você vai acabar com você mesmo?

TONHO — *(Bem pausado.)* Vou acabar com você, Paco.

PACO — Comigo? Poxa, comigo? Mas eu não te fiz nada.

TONHO — Você disse que eu era bicha.

PACO — Estava brincando.

TONHO — Pois é. Mas seu brinquedo me enchia o saco.

PACO — Poxa, se você não gosta, mixa a brincadeira e pronto.

TONHO — Você é muito chato, Paco.

PACO — Eu juro. Juro por Deus que corto a onda. Juro!

TONHO — Também preciso de um par de sapatos. O que eu tenho não serve pra mim.

PACO — O meu lhe serve. A gente troca de sapato.

TONHO — Eu não preciso disso, Paco. Basta eu apontar o berro pra algum cara e ele vira o rabo. É só eu querer.

PACO — Poxa, Tonho, nós sempre fomos parceiros. Você sempre foi um cara legal. Não vai fazer papelão comigo agora.

TONHO — Paco, você é um monte de merda, você fede. Você é nojento.

PACO — *(Forçando o riso.)* Você quer me gozar.

TONHO — Vou acabar com a sua raça, vagabundo.

PACO — Mas, poxa... poxa...

TONHO — Vou te apagar, canalha.

PACO — Escuta, Tonho... eu... poxa... eu... não te fiz nada...

TONHO — Vai se acabar aqui, Paco.

PACO — Tonho, você não pode me sacanear... Não pode...

(Tonho vem avançando lentamente para junto de Paco.)

PACO — Mas, poxa, Tonho... Nós sempre fomos amigos...

TONHO — Quem tem amigo é puta de zona.

PACO — Escuta, Tonho...

TONHO — Cala a boca.

(Pausa.)

TONHO — Assim. Agora acabou a sua boca-dura. Vamos ver como está a sua malandragem. Cadê o dinheiro, a caneta, o isqueiro, a cinta, o relógio, o anel, o broche, a pulseira? Anda, quero tudo. Não escutou?

(Paco põe tudo sobre a cama.)

TONHO — Tira o sapato, vamos.

PACO — Meu... sapato...

TONHO — Passa pra cá.

(Paco tira o sapato.)

TONHO — Agora vamos dividir tudo. Meio a meio.

PACO — Claro. Poxa... assim que tem que ser.

TONHO — Tudo pra mim. O brinco pra você.

(Tonho joga o brinco em cima de Paco.)

TONHO — Acabou sua malandragem. Bota essa droga na orelha!

PACO — Poxa, Tonho... Isso é sacanagem.

(Tonho encosta o revólver na testa de Paco.)

TONHO — Não conversa e faz o que eu mando.

(Paco põe o brinco.)

TONHO — Agora anda pra lá e pra cá. Anda! É surdo, desgraçado?

(Paco anda.)

TONHO — Rebola! Rebola, filho da puta!

(Paco anda rebolando. Está quase chorando.)

TONHO — Bicha! Bicha sem-vergonha! Ria, bicha! Ria.

(Paco ri. A sua risada mais parece choro.)

TONHO — *(Sem rir.)* Estou cagando de rir de você, bicha louca!

(Paco começa a chorar.)

PACO — Poxa, Tonho, não faz isso comigo. Poxa, Tonho! Pelo amor de Deus! Não faz isso comigo!

TONHO — Cala a boca!

PACO — Tonho... eu...

TONHO — Fecha o bico.

(Pausa.)

TONHO — Cadê o alicate?

(Paco treme.)

TONHO — Dá o alicate!

(Paco entrega o alicate.)

TONHO — *(Frio.)* Vou acabar com você. Mas te dou uma chance. Prefere um tiro nos cornos ou um beliscão? Só que o beliscão vai ser no saco com o alicate. E, enquanto eu aperto, você vai ter que tocar gaita.

(Pausa.)

TONHO — Anda, escolhe logo.

(Paco cai de joelhos.)

PACO — Pelo amor de Deus, não faz isso comigo. Pelo amor de Deus... Juro... Eu juro... eu não te encho mais o saco... Nunca mais... Pelo amor de Deus, deixa eu me arrancar... Eu... eu juro...

TONHO — Cala a boca! Você me dá nojo.

(Tonho cospe na cara de Paco. Encosta o revólver na cara de Paco e fuzila.)

TONHO — Se acabou, malandro. Se apagou. Foi pras picas.

(Paco vai caindo devagar. Tonho fica algum tempo em silêncio, depois começa a rir e vai pegando as coisas de Paco.)

TONHO — Por que você não ri agora, paspalho? Por que não ri? Eu estou estourando de rir! *(Toca a gaita e dança.)* Até danço de alegria! Eu sou mau! Eu sou o Tonho Maluco, o Perigoso! Mau pacas!

(Pega as bugigangas e sai dançando. Pano fecha.)

NAVALHA NA CARNE

(Peça em um ato)

Personagens

VADO
NEUSA SUELI
VELUDO

Cenário

Um sórdido quarto de hotel de quinta classe. Um guarda-roupa bem velho, com espelho de corpo inteiro, uma cama de casal, um criado-mudo, uma cadeira velha são os móveis do quarto.

(Ao abrir o pano, Vado está deitado na cama, lendo uma revista de história em quadrinhos. Entra Neusa Sueli.)

NEUSA SUELI — Oi, você está aí?

VADO — Que você acha?

NEUSA SUELI — É que você nunca chega tão cedo.

VADO — Não cheguei, sua vaca! Ainda nem saí!

NEUSA SUELI — Tá doente?

VADO — Doente o cacete!

NEUSA SUELI — Não precisa se zangar. Só perguntei por perguntar.

VADO — Mas pode ficar sabendo que estou com o ovo virado.

NEUSA SUELI — Por quê, meu bem?

VADO — Não sabe, né?

NEUSA SUELI — Não sou adivinhona.

VADO — Quer bancar a engraçada? Vou te encher a lata de alegria. *(Vado começa a torcer o braço de Neusa Sueli.)* Gostou?

NEUSA SUELI — Poxa, você está me machucando.

VADO — Você ainda não viu nada, sua miserável!

NEUSA SUELI — Ai, não te fiz nada!

VADO — Não fez? Não fez, sua filha de uma cadela?

NEUSA SUELI — Que foi que eu te fiz?

VADO — Quer se fingir de boba?

NEUSA SUELI — Ai, ai! Juro que não sei.

VADO — Sabe por que eu não saí hoje?

NEUSA SUELI — Sua cabeça é seu guia.

VADO — Pois é, né?

NEUSA SUELI — Eu não prendo ninguém.

(Vado empurra Neusa Sueli, que cai no chão.)

VADO — Já lembrou o que me aprontou, sua nojenta?

NEUSA SUELI — Você está é com onda.

VADO — Quer criar caso? Pode ficar certa que outra presepada que você me arrumar, não vai ser mole pra você. Sua porca! Quem você pensa que eu sou? Um trouxa qualquer? Assim você aprende a não querer bancar a sabida comigo.

NEUSA SUELI — Poxa, você me machucou. *(Levanta-se.)*

VADO — Assim você se manca.

NEUSA SUELI — Abre o jogo de uma vez. O que é que eu te fiz? Já foram fazer alguma fofoca de mim pra você, é? Eu sei quem foi! Você fica entrando no papo daquela vadia lá do 102. Só pode ser ela quem te encheu a cabeça. Pensa que eu não sei? Ela dá em cima de tudo que é homem das outras. A perebenta não pode ver ninguém bem. Mas ela vai ver. Comigo não vai ter bafo. Corto a cara dela com gilete.

VADO — Cala essa boca, pombas! Aquela mulher não tem nada a ver com isso. E você sabe bem.

NEUSA SUELI — Ela não me manja, não! Se ela se assanha pro teu lado, eu engrosso. Olha aqui, Vado, já vou te avisando. Se eu te ver batendo caixa com ela, faço um azar. Você sabe que eu faço mesmo. Não estou aqui pra ser corneada por uma jogada-fora daquelas.

VADO — Vê se cala essa matraca.

NEUSA SUELI — Já vi que você embarcou na dela.

VADO — Quer tomar outro cacete? Não, né? Então não me enche o saco! Já estou cabreiro com você. Se espernear, te meto a mão.

NEUSA SUELI — Aquela filha da puta te enrolou, eu sei. Ela fez assim com o macho da Mariazinha. Caguetou pra ele que ela estava se escamando na viração porque estava prenha. O cara foi lá e malhou a Mariazinha. A coitada até abortou de tanta porrada que levou. Depois, enquanto a desgraçada se danava no hospital, o sacana ia na leve com a grana da cadela do 102. Também, a Mariazinha é uma trouxa. Saiu do hospital e aceitou o miserável do homem dela de volta.

VADO — Ela que tá certa.

NEUSA SUELI — Otária é o que ela é.

VADO — Não manjo esse cara da Mariazinha. Mas ele está por dentro.

NEUSA SUELI — Um paspalhão que ele é. Voltou todo empesteado daquela galinha.

VADO — Conversa! O sujeito sabe viver.

NEUSA SUELI — Sabe viver pra chuchu. Se não fosse a Maria cuidar do miserável, ele se acabava. Entrou no puteiro da cadela a pé e saiu a cavalo.

VADO — Mas ele que pode. Está certo, sim. A mina é gamada, leva no macio. Fez ela pagar o esquentamento da outra.

NEUSA SUELI — Maria é uma boba. Comigo não tem disso.

VADO — Quer ver eu te aprontar uma dessas e você me aguentar? Duvida? Te faço uma pior e tu me engole. Se duvida, diz. Te apronto uma que não vai ser mole pra ti. Se duvida, te mostro.

NEUSA SUELI — Você não tem coragem.

VADO — Não? Já existe penicilina, boboca! Me limpo fácil. Agora, você se estrepa. Pega fama de perebenta, tá lascada. Ninguém mais vai querer. Nem o cara mais jogado às traças.

NEUSA SUELI — Poxa, Vado, não vai fazer um papelão desses comigo.

VADO — Me apronta outra presepada como a de hoje. Me apronta, que eu te estrepo.

NEUSA SUELI — Mas, poxa, o que eu te fiz hoje?

VADO — Porra, quer apanhar outra vez? Fica querendo se fazer de sabida, depois se queixa. Estou deixando a coisa no barato. Se tentar me engrupir, te arrebento todos os dentes com uma mucada.

NEUSA SUELI — Não tem babado. Alguém te encheu a cuca. Te botou contra mim.

VADO — Não me torra o saco! Tenho malandragem para dar e vender. Não vai ser você que vai gozar minha cara.

NEUSA SUELI — Não estou querendo gozar ninguém.

VADO — Ai de você se quisesse!

NEUSA SUELI — Só não estou por dentro de sua bronca.

VADO — Não está, né? Agora, olha, sua puta sem-vergonha! *(Vado mostra os bolsos vazios.)* Morou, agora?

NEUSA SUELI — Está na lona?

VADO — Eu estou duro! Estou a nenhum! Eu estou a zero! A zero, sua vaca!

NEUSA SUELI — E a culpa é minha?

VADO — Vagabunda, miserável! Sua puta sem-calça! Quem tu pensa que é? Pensa que estou aqui por quê? Anda, responde! *(Pausa.)* Não escutou? Responde! Por quê? Você acha que eu te aturo por quê?

NEUSA SUELI — Eu sei... Eu sei...

VADO — Sabe, né? Então diz. Por que eu te aturo?

NEUSA SUELI — Poxa, Vadinho, eu sei...

VADO — Então diz! Diz! Quero escutar. Diz de uma vez, antes que te arrebente. Por que eu fico com você?

NEUSA SUELI — Por causa da grana.

VADO — Repete, sua vaca! Repete! Repete! Anda!

NEUSA SUELI — Por causa da grana.

VADO — Repete mais uma vez.

NEUSA SUELI — Por causa da grana.

VADO — Mais alto, sua puta nojenta!

NEUSA SUELI — Por causa da grana.

VADO — Isso mesmo. Estou com você por causa do tutu. Só por causa do tutu. Você sabe. Estou aqui por causa da grana. Por causa da grana. É isso mesmo. E se você não me der moleza, te arrebento o focinho. Eu sou o Vadinho das Candongas, te tiro de letra fácil, fácil. Eu estou assim *(Faz gesto com os dedos indicando muitas.)* de mulher querendo me dar o bem-bom. Você sabe disso também, não sabe? *(Pausa.)* Sabe ou não sabe?

NEUSA SUELI — Sei... Sei, sim... *(Chora.)*

VADO — Para de chorar! Porra, será que vou ter de aturar até essa onda de choro?

NEUSA SUELI — Pronto. Já não estou mais chorando.

VADO — Que mania de fazer drama à toa!

NEUSA SUELI — À toa? Você me machucou!

VADO — Benfeito! Assim você aprende a não folgar com o bom.

NEUSA SUELI — Não te fiz nada. Você está zoeira!

VADO — Estou mesmo. Minha zoeira é ser bom pra mulher. Te trato legal, nisso que dá. Quando digo que estou a nenhum, que estou durango, a piranha põe banca: *(Imitando a voz de Neusa Sueli.)* "Não é culpa minha, não é culpa minha!" Poxa, será que tenho cara de trouxa? Sou teu macho, se não tenho um puto de um tostão, quem está errado?

NEUSA SUELI — Não sei...

VADO — Ai, meu cacete! Não aprendeu? As porradas que te dei não serviram de nada?

NEUSA SUELI — Te dou a grana. Se você torra, que posso fazer?

VADO — Que grana que você me deu hoje?

NEUSA SUELI — Não sabe, né? Ganha no mole, mete o pau fácil.

VADO — Escuta aqui, desgraçada! Tá querendo me azedar de novo? Que dinheiro você me deu hoje?

NEUSA SUELI — Não deixei dinheiro aí no criado-mudo?

VADO — Ficou louca?

NEUSA SUELI — Claro que deixei o tutu aí.

VADO — Então ele voou.

NEUSA SUELI — Então voou!

VADO — Mentirosa! Nojenta!

NEUSA SUELI — Não me força a paciência. Encheu a cuca de fumo e esqueceu de tudo.

VADO — Não peguei uma ponta de estaleiro hoje, pantera! Estou de presa seca por tua causa. Pensa que maconha anda por aí dando buzo?

NEUSA SUELI — Só sei que botei o dinheiro aí no criado-mudo, como todo dia.

VADO — Se botasse, eu não estava aqui esquentando a mufa. Estava lá na sinuca me divertindo.

NEUSA SUELI — Queimando erva e dinheiro.

VADO — E daí? Dinheiro meu gasto onde quero.

NEUSA SUELI — E eu que me dane na viração.

VADO — É a lei. Mulher que quer se bacanear com cara linha de frente como eu tem de se virar certinho.

NEUSA SUELI — Um dia a casa cai, pode crer.

VADO — Não conversa, não. Quero saber onde está a porra do dinheiro.

NEUSA SUELI — Botei aí. Cansei de falar.

VADO — Então alguém pegou.

NEUSA SUELI — Então pegou.

VADO — E não fui eu.

NEUSA SUELI — Será?... Será que foi o desgraçado?...

VADO — Que desgraçado?

NEUSA SUELI — O Veludo. Será que foi ele?

VADO — Ele?... Ficou batusquela? Ele não ia ter peito.

NEUSA SUELI — Ele entrou aqui hoje depois que saí?

VADO — Como vou saber? Estava dormindo.

NEUSA SUELI — Acho que o sacana veio arrumar o quarto, viu você apagado, passou a mão na erva e se mandou.

VADO — Não inventa! Ele não ia ser tão cara de pau assim.

NEUSA SUELI — Não sei, não. Vi o garoto do bar saindo do quarto do Veludo.

VADO — E daí? Ele dá o que é dele.

NEUSA SUELI — Pois é. Mas há muito tempo ele vem cozinhando o garoto e não arrumava nada porque estava duro. O garoto cobrava caro para entrar na dele.

VADO — Poxa, será que ele afanou meu tutu pra dar praquele trouxinha?

NEUSA SUELI — Se ele entrou aqui hoje, foi ele.

VADO — Mato esse puto de merda, se foi ele.

NEUSA SUELI — Vou perguntar pra Dona Tereza.

VADO — Perguntar o quê?

NEUSA SUELI — Se a velha pagou o ordenado do Veludo.

VADO — Que nada! Deixa ele pra mim! Chama essa bicha miserável!

NEUSA SUELI — *(Vai até a porta do quarto e chama:)* Veludo! Veludo! Quarto três! *(Pausa.)* Não escutou.

VADO — Chama mais alto. Todo veado é surdo.

NEUSA SUELI — Veludo! Veludo!

VELUDO — *(Fora de cena.)* Quem me chama?

NEUSA SUELI — Quarto três.

VELUDO — Já vai.

VADO — Vou acertar o passo dessa bichona.

NEUSA SUELI — Não vai machucar ele.

VADO — Não, né? Você vai ver.

NEUSA SUELI — Ele é doido por um enxame. Ele chama a cana.

VADO — Essa bicha não é doida, nem nada.

NEUSA SUELI — Toma cuidado, Vadinho. Vê lá o que tu vai fazer.

VADO — Vai por mim.

VELUDO — *(Na porta do quarto.)* Chamou, Neusa Sueli?

VADO — Entra, bichona.

VELUDO — Com licença.

(Veludo entra.)

VADO — Vai entrando, seu puto.

VELUDO — O senhor está aí, Seu Vado?

VADO — Estou, sim.

VELUDO — É o senhor que quer falar comigo, ou é a Neusa Sueli? Adoro esse nome: Neusa Sueli.

VADO — Fecha a porta e deixa de frescura.

VELUDO — *(Fecha a porta.)* Pronto, Seu Vado.

VADO — Presta atenção no que vou te dizer, seu veado de merda.

VELUDO — Se o senhor começar a me xingar, me mando. A

Neusa Sueli sabe como eu sou. Não gosto de desaforo. Nem dos meus homens aguento maltrato.

VADO — Filho da puta! Veado nojento!

VELUDO — Você está vendo, Neusa Sueli? Vou me arrancar. Depois você reclama que eu não gosto de vir fofocar no seu quarto. É por essas e outras. Ninguém gosta de estupidez.

VADO — Isso não é nem o começo.

VELUDO — Pra mim é o fim.

(Veludo tenta sair, Vado o agarra com violência.)

VELUDO — Bruto! Cafajeste!

VADO — Cala essa boca, fresco de uma figa!

VELUDO — Me deixa sair.

VADO — Senta aí!

(Vado bate em Veludo e faz com que ele se sente numa cadeira.)

VELUDO — Ai, ai! Que é que deu nesse homem?

VADO — Vamos conversar, seu sem-vergonha.

VELUDO — Se a Neusa Sueli gosta de apanhar, bate nela. Eu não gosto de coisas brutas, não sou tarado. *(Vado bate em Veludo.)* Ele está me batendo, Neusa Sueli.

NEUSA SUELI — Explica tudo direitinho. Vai ser melhor pra você.

VELUDO — Explica o quê?

VADO — Quem mandou você pegar o dinheiro?

VELUDO — Que dinheiro?

VADO — O que você pegou.

VELUDO — Deus me livre! Que dinheiro que eu peguei? Ai, meu Deus! Nem sei do que vocês estão falando.

VADO — Cadê a grana, Veludo?

(Bate em Veludo.)

VELUDO — Ai, ai, seu cafetão nojento! Tua mulher não te dá dinheiro? Quer pegar o meu?

VADO — Se abre logo!

VELUDO — Miserável! Vai bater na cara da tua mãe. Porco! Essa vaca da Sueli não te dá moleza, é? Pensa que eu vou dar? Nojento! Cafetão!

VADO — Cala o bico!

VELUDO — Vai morrer morfético! Tu e essa perebenta! Essa suadeira!

NEUSA SUELI — Fala logo, Veludo. Você pegou o dinheiro que estava no criado-mudo? Fala logo, anda!

VELUDO — Ai, ai! Ele está quebrando o meu braço!

NEUSA SUELI — Pegou ou não pegou?

VELUDO — Não peguei.

VADO — Não mente, nojento! Não mente!

VELUDO — Eu não peguei! Juro que não peguei!

NEUSA SUELI — Você pensa que vai levar a gente no bico?

VELUDO — Juro que não sei de dinheiro nenhum.

VADO — Não sabe, cachorro?

(Vado continua sempre batendo em Veludo.)

VELUDO — Ai, ai! Esse homem me mata! Socorro! Socorro!

VADO — O que você fez com minha grana, miserável?

VELUDO — Não me bate! Não me bate!

VADO — Então se abre.

NEUSA SUELI — A gente sabe o que você fez com a grana.

VADO — Confessa logo, bicha, senão vou botar pimenta no teu rabo.

VELUDO — Pelo amor de Deus, Neusa Sueli, não deixa esse tarado me judiar!

NEUSA SUELI — Então começa a contar.

VELUDO — Ai, meu São Jorge guerreiro! Está todo mundo doido. Está todo mundo chapado de erva. Neusa Sueli, pelo amor de Deus, eu não sei de nada!

VADO — Filho da puta! Mentiroso!

VELUDO — Socorro! Socorro! Monstro! Por que você não faz isso com um homem, seu nojento? Ai, esse tarado está me matando!

VADO — Seu puto, você apanhou a grana daqui pra andar com o garoto do bar?

VELUDO — Não entrei aqui hoje.

VADO — Você veio arrumar o quarto, pegou o dinheiro.

NEUSA SUELI — E deu pro moleque do bar.

VELUDO — Eu ia fazer uma coisa dessa? Não sou ladrão e não sou que nem você, que tem que dar dinheiro pra homem.

NEUSA SUELI — Pensa que não vi o garoto sair do seu quarto?

VELUDO — E daí? Ele gama em mim.

VADO — O desgraçado gama o meu dinheiro. Isso é que é! E você passou a mão na grana e deu pra ele.

VELUDO — Eu, não!

NEUSA SUELI — Mentiroso! Você mesmo falou que estava gamado no garoto e que ele não queria nada com você, porque você estava duro. Falou ou não falou?

VELUDO — Se dei dinheiro pro meu machinho, ninguém tem nada com isso. Na minha vida, mando eu. Sou livre.

VADO — Puto sem-vergonha! Você deu o meu dinheiro. O meu dinheiro, que estava ali em cima, e você afanou.

(Vado agarra Veludo pelos cabelos.)

VELUDO — Ai, ai! Esse homem vai me deixar careca!

NEUSA SUELI — Sabe que por sua causa eu levei um couro do Vado, seu sacana?

VELUDO — Benfeito!

(Neusa Sueli arranha o rosto de Veludo.)

VELUDO — Ai, você me paga, sua porca! Você vai ver!

VADO — Você não vai pegar ninguém.

VELUDO — Ela é mulher. Com ela eu posso.

VADO — Que é que você fez do dinheiro? Fala!

VELUDO — Não peguei.

NEUSA SUELI — É teimoso como uma mula. Vou te ajudar a lembrar. *(Apanha uma navalha na bolsa.)* Vou te arrancar os olhos! *(Aproxima a navalha do rosto de Veludo.)*

VELUDO — Não! Pelo amor de Deus! Não, Neusa Sueli! Não!

VADO — Pode cortar esse miserável!

NEUSA SUELI — Vai falar tudinho?

(Veludo faz que sim com a cabeça.)

VADO — A bicha ficou apavorada.

NEUSA SUELI — Então começa.

VADO — Fala logo, anda!

VELUDO — Estou sem ar.

VADO — Não vem com frescura! Não vem com frescura!

NEUSA SUELI — Veludinho, é melhor pra você contar tudo direitinho. É pro seu bem, querida.

VELUDO — Você me perdoa, Neusa Sueli? Eu devolvo tudinho. Eu não aguentei. Eu vim arrumar o quarto, o Seu Vado estava dormindo, eu peguei o dinheiro e dei pro rapaz do bar. Eu estava gamado nele. Juro que devolvo.

VADO — Canalha! Miserável! Veado safado! Deu todo o metal pro trouxinha?

VELUDO — Só dei a metade.

VADO — E o resto da grana? E o resto?

VELUDO — Comprei um baseado de erva.

VADO — Sacana! Eu de presa seca e ele se tratando.

VELUDO — É vício.

VADO — E pensa que vou sustentar vício de veado?

VELUDO — Eu vou devolver o dinheiro todinho, Seu Vado. Pode crer.

VADO — Quando? No dia de São Nunca?

VELUDO — Não, no fim do mês. No meu pagamento.

VADO — E você pensa que eu vou esperar até o fim do mês?

VELUDO — Desculpe, Seu Vado.

VADO — Vou te caguetar pra Dona Tereza. Ela te põe na rua, te paga os teus dias de basquete e eu pego o meu.

VELUDO — Por favor, Seu Vado. Eu juro que devolvo tudo.

VADO — Quero juros.

VELUDO — Eu pago, mas não apronta pra mim.

VADO — Vai pagar o dobro. Se não comparecer, já viu. Te agarro e te desgraço.

VELUDO — Eu pago, pode crer.

NEUSA SUELI — Ele paga, sim, Vado. O Veludo é bonzinho.

VELUDO — A Neusa Sueli me conhece. Quando eu digo que faço uma coisa, eu faço mesmo, nem que me lasque todo.

VADO — Quero ver. E o fumo? Queimou ele todo?

VELUDO — Nem biquei ainda. Não trato disso quando estou trabalhando. Eu fico muito louca quando estou chapada.

VADO — Dá pra cá a erva.

VELUDO — O senhor me deixa dar umas narigadas também?

VADO — Depois a gente vê. Dá pra cá, anda!

VELUDO — *(Dando o cigarro.)* É fumo do norte mesmo. Dá uma zoeira legal!

NEUSA SUELI — Não vai queimar essa porcaria aqui.

VADO — Você cala a boca.

NEUSA SUELI — Dona Tereza não gosta de bagunça aqui na pensão.

VADO — Quero que ela vá à merda!

VELUDO — Ai, que homem doidão.

NEUSA SUELI — Depois, quem se estrepa sou eu. Quando você se arranca, ela vem aqui reclamar.

VADO — Manda ela à merda!

NEUSA SUELI — Ela me põe na rua.

VADO — Azar!

NEUSA SUELI — Azar meu, né?

VADO — Porra, para de me torrar o saco. Foi você que arrumou toda a confusão e ainda resmunga. Não quero escutar um pio contra a maconha. Gosto de curtir minha onda de leve.

VELUDO — Ele sabe viver.

(Vado acende o cigarro de maconha e dá uma tragada.)

VADO — Legal!

VELUDO — Não fica triste, Neusa Sueli. Homem é assim mesmo. Todos uns brutos. *(Pausa.)* Seu Vado, deixa eu dar um cheiro?

VADO — Quer bicar?

VELUDO — O senhor deixa?

VADO — Não!

VELUDO — Ah, deixa... por favor... deixa...

VADO — Se manca, vagabundo!

VELUDO — Por favor...

VADO — Gosta de fumo, é?

VELUDO — Sou tarado.

VADO — E por que fica gastando dinheiro com os pivetes? Por quê, hein?

VELUDO — Ah, Seu Vado...

VADO — Você gosta mais de maconha ou de moleque?

VELUDO — Cada coisa tem sua hora.

VADO — Bichona malandra!

VELUDO — Deixa eu bicar, Seu Vado.

VADO — Pega aqui. Na minha mão.

VELUDO — Que bom.

(Tenta agarrar o cigarro.)

VADO — Não vale segurar.

VELUDO — Como o senhor é mau, Seu Vado.

(A cena repete-se várias vezes, sempre Veludo tentando alcançar, com a boca, o cigarro que está na mão de Vado. Veludo fica cada vez mais agoniado. Vado ri cada vez mais. Neusa Sueli permanece indiferente. Veludo agarra a mão de Vado, que lhe dá um violento empurrão.)

VELUDO — Neusa Sueli, manda ele deixar eu fumar, manda.

NEUSA SUELI — Não estou gostando nada dessa zorra aqui dentro.

VELUDO — Vai, Neusinha Sueli, manda ele me dar uma tragada. Por favor, Sueli, manda. Eu não aguento mais.

NEUSA SUELI — Acho melhor você se arrancar daqui.

VELUDO — Seu Vado, deixa eu dar uma fumadinha só.

VADO — Sem-vergonha! Pensa que mulher manda em mim, bicha louca? Pensa que se essa vaca mandasse eu ia te dar o fumo?

VELUDO — Que homem bruto, meu Deus! Vado, deixa eu fumar!

VADO — Ainda sou Seu Vado pra você. Perdeu o respeito, seu miserável?

VELUDO — Homem que me judia eu não chamo de senhor. É Vado, e olhe lá.

VADO — Te dou uma porrada que você vê.

VELUDO — Dá, então.

(Vado bate em Veludo.)

VADO — Gostou?

VELUDO — Bate mais.

VADO — Nojento!

VELUDO — Bate, seu bobo, bate.

(Vado fica vencido, impotente.)

VELUDO — Você viu, Neusa Sueli, como a gente lida com homem?

VADO — Cala a boca, bicha!

VELUDO — Vem me bater, seu trouxa!

VADO — Você vai ver, bicha louca!

VELUDO — Pode bater. A cara está aqui.

VADO — Veado! Veado de merda! Porco nojento! Ladrão sem-vergonha!

VELUDO — Bate em mim, machão. Bate nesta face, te viro a outra. Como Jesus Cristo.

VADO — Bicha é uma desgraça.

VELUDO — Você viu como eu encabulei o homem, Neusa Sueli? Tadinho dele! Ficou sem jeito. Coitadinho! Vê a carinha do Vado, Neusa Sueli. Vai fazer um carinho pra ele. Ele está tristinho. Vai lá, bobona. Vai agradar teu homem. Vai, Neusa Sueli.

NEUSA SUELI — Para com isso, pombas! Será que você não se manca que não está agradando? Poxa, você é mais chato que cri-cri. Por que você não se manda daqui? Vai lá pro teu quarto! Vai à merda! Vai à puta que te pariu! Mas me esquece. Não quero você aqui no meu poleiro. Anda, te arranca! Te arranca, que é melhor pra você. Já estou invocada. Muito invocada.

VELUDO — Desculpe. Não vou morrer por causa disso. Não quer eu aqui, me mando e pronto. Nunca fico onde não me querem. Aliás, só vim aqui porque me chamaram. Mas já vou indo. Tchau mesmo! Pensei que era o homem deste galinheiro que cantava de galo. Entrei bem. Quem manda aqui é a galinha velha.

NEUSA SUELI — Galinha velha é a tua mãe!

VADO — Ela se queimou.

VELUDO — Pôs a carapuça porque quis.

NEUSA SUELI — Vai saindo!

(Veludo vai se dirigindo para a porta.)

VADO — Fica! Só sai quando eu mandar.

VELUDO — Ela está invocada comigo. Não quero encrenca. Vou embora.

VADO — Ela que se dane! Fica!

NEUSA SUELI — Você vai me pagar, sua bicha. Está botando o meu homem contra mim.

VELUDO — Eu quero ir embora, ele não deixa.

NEUSA SUELI — Nojento!

VELUDO — Não sei por que as mulheres me detestam tanto.

VADO — Ai, ai!

NEUSA SUELI — É melhor deixar essa bicha sair. Já estou me esquentado.

VADO — Ela agora vai queimar o fumo. Não vou deixar ela sair daqui de presa seca. Vem fumar, bichinha!

VELUDO — Agora eu não quero.

VADO — Não faz onda e pega logo.

VELUDO — Pra mim michou.

VADO — Não queria? Tá aí. Mete o nariz.

VELUDO — Já falei que não quero.

VADO — Estou mandando fumar.

VELUDO — Você não é meu homem, não me manda nada.

VADO — Chupa essa fumaça!

VELUDO — Nem por bem, nem por mal.

(Vado desespera-se e começa a bater em Veludo.)

VELUDO — Bate! Bate! Bate!

VADO — Eu te mato! Eu te mato!

VELUDO — Mata! Mata! Mata mesmo, homem! Mas eu não fumo tua maconha! Não fumo!

VADO — Fuma essa merda! Fuma! Não escutou eu mandar?

(Vado vai tentando, desesperadamente, colocar o cigarro na boca de Veludo, para que ele fume. Veludo não deixa.)

VELUDO — Me mata, meu homem!

NEUSA SUELI — Para com isso, Vado! Para com isso!

VADO — Quero que esse puto fume maconha, eu quero!

VELUDO — Mas não vai conseguir nada de mim.

VADO — Por favor, Veludo, fuma essa droga, se não eu faço uma desgraça! Por favor, fuma!

VELUDO — Nem você me pedindo de joelhos.

NEUSA SUELI — Pelo amor de Deus, Vado, para com isso! Para com isso! Eu não aguento mais! Eu não aguento mais!

VADO — Sueli, meu amor, me ajuda! Sueli, minha santa, me ajuda! Sueli, segura esse veado nojento. Segura ele, Sueli! Eu quero fazer ele fumar maconha. Eu quero que ele fume! Eu quero! Por favor, Sueli, segura ele!

NEUSA SUELI — É só isso que você quer, seu porco?

VADO — É só o que eu quero. Me ajuda! Por favor.

NEUSA SUELI — Eu te ajudo! Eu te ajudo!

VELUDO — Ai, ai, tenho cócegas! Ai, ai, ai! Meu Deus, que loucura! Que loucura divina!

(Neusa Sueli vai tentar segurar Veludo. Quando vai tocá-lo ele grita:)

VELUDO — Não toca em mim, mulher! Não toca em mim! Eu não gosto que mulher me toque! Não me toque! Não me toque!

NEUSA SUELI — Veado miserável! Miserável! *(Agarra-o e o empurra pra porta.)* Agora vai caguetar a gente pra polícia, seu nojento!

VELUDO — Sua vaca! Você vai me pagar! Não vou na polícia, não. Não gosto dessa gente. Mas vai ter forra. Você não perde por esperar.

NEUSA SUELI — Cai fora daqui, bicha sem-vergonha! Cai fora!

(Veludo sai, xingando. Neusa Sueli fecha a porta e depois fica parada, olhando Vado por longo tempo.)

VADO — Está me achando bonito ou me botando quebrante?

NEUSA SUELI — Nojento!

VADO — Não começa a me encher o saco.

NEUSA SUELI — Você é um sacana.

VADO — Você é uma cortadora de onda.

NEUSA SUELI — Nunca pensei que você pudesse ser tão miserável.

VADO — E eu nunca pensei que você fosse tão chata.

NEUSA SUELI — Não sou é descarada.

VADO — Vai ser freira, então

NEUSA SUELI — Eu tenho moral.

VADO — Depois de velha, até eu.

NEUSA SUELI — Velha, não! Só tenho trinta anos.

VADO — De puteiro?

NEUSA SUELI — Canalha!

VADO — Quando você fica bronqueada é que a gente vê como você está apagada.

NEUSA SUELI — Estou é cansada. Só isso.

VADO — Devia se aposentar. Trinta anos de basquete cansa qualquer uma.

NEUSA SUELI — Eu nasci igual a qualquer uma. Limpinha. Há trinta anos atrás, eu era um nenê.

VADO — Não força a ideia, piranha velha. Você é a veterana das veteranas.

NEUSA SUELI — Tenho só trinta anos.

VADO — Coroa!

NEUSA SUELI — Porco! Nojento! Você pensa que não manjei a tua jogada com o Veludo?

VADO — Deixa de história. Vocês antigas veem malícia em tudo.

NEUSA SUELI — Só sei que você me embrulhou o estômago.

VADO — A vovó das putas todas é metida a família, é?

NEUSA SUELI — Vovó das putas é a vaca que te pariu.

VADO — Limpa essa boca quando falar da minha mãe. Se folgar comigo, te arrebento.

NEUSA SUELI — Então não me torra a paciência.

VADO — Só estou falando a verdade. Você está velha. Outra noite, cheguei aqui, você estava dormindo aí, de boca aberta. Roncava como uma velha. Puta troço asqueroso! Mas o pior foi quando cheguei perto pra te fechar a boca. Queria ver se você parava com aquele ronco miserável. Daí, te vi bem de perto. Quase vomitei. Porra, nunca vi coisa mais nojenta. Essa pintura que você usa aí pra esconder a velhice estava saindo e ficava entre as rugas, que apareciam bem. Juro, juro por Deus, que nunca tinha visto nada mais desgraçado. Eu até...

NEUSA SUELI — Para com isso! Chega de escutar mentira! Para com isso!

VADO — Mentira? Eu é que sei! Senti uma puta pena de mim. Um cara novo, boa-pinta, que se veste legal, que tem um papo certinho, que agrada, preso a um bagulho antigo. Fiquei bronqueado. Porra, ainda tentei quebrar o galho. Pensei comigo: mas de corpo ainda é uma coisa que se pode aproveitar. E sem te acordar, tirei a coberta, tirei tua camisola, tirei tua calcinha e teu sutiã. As pelancas caíram pra todo lado. Puta coisa porca! Acho que até um cara que saísse de cana, depois de um cacetão de tempo, passava nesse lance. Pombas, que negócio ruim era você ali dormindo. Juro por Deus, nunca vi nada pior. Se não fosse o desgraçado do ronco de porca velha, eu tinha mandado te enterrar. Porra, e não se perdia nada. Me larguei. Não aguentava.

NEUSA SUELI — E por que não se mandou de vez?

VADO — Fiquei esperando uma chance de te jogar isso no focinho. Não ia sair sem te contar como você está podre.

NEUSA SUELI — E enquanto isso me tomava a grana.

VADO — Claro! Não sou nenhum bobo. Enquanto isso, tratava de mim por fora. Mulherio novinho e bonito está aí mesmo.

NEUSA SUELI — Teu negócio é veado. Vi hoje.

VADO — Que é isso, coroa? Tá com ciúme do Veludo?

NEUSA SUELI — Tenha vergonha nessa cara.

VADO — Quem tem que ter vergonha é você, velhota. Não aguenta o repuxo, não tem como agarrar o homem, fica aí apavorada, até com medo de um veado de merda.

NEUSA SUELI — Canalha!

VADO — Estava sendo uma onda legal, você cortou com a tua rabujice. Você é coroa!

NEUSA SUELI — Não sou é de bacanal.

VADO — Puta que não gosta de bacanal é que está bem apagada.

NEUSA SUELI — Estou apagada é de canseira. Isso é que é. Não de velhice. De canseira. Sabe o que é uma noite de viração?

VADO — As meninas tiram de letra. É só abrir as pernas e faturar. Acham moleza. Agora, velha cansa à toa. Tem reumatismo. Tem que se esforçar pra agradar o freguês e outros babados. E ainda, pra não ficar jogada fora sozinha, tem que aturar o cafetão. Mas isso é igual na vida e nas casas de família. Os machos só aturam as coroas por interesse. Pra se divertir, a gente sempre tem uma garota enxutinha.

NEUSA SUELI — Eu tenho homem a hora que quero.

VADO — Por que me atura? Por quê? Eu sou chato pacas!

NEUSA SUELI — É mesmo. Ainda bem que reconhece.

VADO — Por que você me aguenta?

NEUSA SUELI — Porque... Porque...

VADO — Sou bom de cama?

NEUSA SUELI — É. É mesmo. As verdades a gente diz.

VADO — É. Isso é verdade. Só que faz um mês que você não sabe de mim. Mais de um mês.

NEUSA SUELI — É... é... E mesmo assim te dou a grana.

VADO — Uma grana micha. Muito micha.

NEUSA SUELI — Não é culpa minha. Você sabe que não é. A situação está uma broca pra todas. Esse novo delegado que entrou aí está querendo fazer média. Toda hora passa o rapa. Até os tiras andam apavorados, não pegam caixinha, nem nada. Se os homens da lei estão com medo, os fregueses nem se fala. Mas deixa esse filho da puta desse delegado esquentar o lugar, fica tudo igual a antes. Daí, você vai ver se eu faturo alto outra vez ou não.

VADO — Você é enganadora.

NEUSA SUELI — Você anda por aí. É só perguntar pra qualquer uma. Elas te dizem como a barra anda pesada.

VADO — Isso é desculpa de velha.

NEUSA SUELI — Velha, não.

VADO — Velha, sim. Todo mundo te acha um bagaço. Não viu o que o Veludo disse?

NEUSA SUELI — O que foi?

VADO — Te chamou de galinha velha.

NEUSA SUELI — Despeito de bicha.

VADO — Falou certo. Você está velha mesmo.

NEUSA SUELI — Só porque você quer.

VADO — É, né? Mostra os teus documentos.

(Vado vai pegar a bolsa de Neusa Sueli, ela o impede.)

NEUSA SUELI — Tenho trinta anos.

VADO — Deixa eu ver os papéis.

NEUSA SUELI — Que onda besta!

VADO — Deixa eu ver.

NEUSA SUELI — Não torra a paciência!

VADO — Está com medo?

NEUSA SUELI — Medo, não. Acho besteira.

VADO — Mentiu, agora não quer que eu prove a tua idade.

NEUSA SUELI — Tenho trinta.

VADO — No mínimo cinquenta anos.

NEUSA SUELI — Fiz trinta no fim do ano passado.

VADO — Deixa eu ver os documentos. *(Vado tenta tirar a bolsa das mãos de Neusa Sueli.)* Tá com medo de mostrar os documentos?

NEUSA SUELI — Não gosto que mexam na minha bolsa.

(Vado insiste em tirar a bolsa de Neusa Sueli, até que a bolsa se abre, deixando espalhar pelo chão todo o seu conteúdo.)

VADO — Tá bom, velha! Pode sossegar, não vou pegar seus documentos pra ver o que eu já sei. Você tem cinquenta anos e não adianta mentir.

NEUSA SUELI — *(No chão, apanhando os objetos espalhados.)* Para com isso! Para! Por favor, para! Poxa, será que você não se manca? Será que você não é capaz de lembrar que venho da zona cansada pra chuchu? Ainda mais hoje. Hoje foi um dia de lascar. Andei pra baixo e pra cima, mais de mil vezes. Só peguei um trouxa na noite inteira. Um miserável que parecia um porco. Pesava mais de mil quilos. Contou toda a história da puta da vida dele, da puta da mulher dele, da puta da filha dele, da puta que o pariu. Tudo gente muito bem instalada na puta da vida. O desgraçado ficou em cima de mim mais de duas horas. Bufou, bufou, babou, babou, bufou mais pra pagar, reclamou pacas. Desgraçado, filho da puta. É isso que acaba a gente... Isso que cansa a gente. A gente só quer chegar em casa, encontrar o homem da gente de cara legal, tirar aquele sarro e se apagar, pra desforrar de toda a sacanagem do mundo de merda que está aí. Resultado: você está de saco cheio por qualquer coisinha, então apronta. Bate na gente, goza a minha cara e na hora do bem-bom, sai fora. Poxa, isso arreia qualquer uma. Às vezes chego a pensar: Poxa, será que sou gente? Será que eu, você, o Veludo, somos gente? Chego até a duvidar. Duvido que gente de verdade viva assim, um aporrinhando o outro, um se servindo do outro. Isso não pode ser coisa direita. Isso é uma bosta. Uma bosta! Um monte de bosta! Fedida! Fedida! Fedida! Fedida!

VADO — É... é mesmo...

NEUSA SUELI — É mesmo o quê?

VADO — Você está uma velha podre.

NEUSA SUELI — Nojento!

VADO — Nada mais nojento que puta velha. Porra, como incomoda!

NEUSA SUELI — Eu não sou velha! Eu não sou velha! Eu estou gasta! Eu estou gasta nesta putaria!

VADO — Depois de cinquenta anos, qualquer uma se apaga.

NEUSA SUELI — Eu tenho trinta anos! Apenas trinta anos! Apenas trinta anos!

VADO — Mentirosa! Enganadora! Vadia velha! Mostra os teus documentos. Mostra! Não tem coragem? Já sabia. Mentiu a idade, mas não engrupe ninguém. Tem um troço que não mente. Sabe o que é? Teu focinho! *(Pega um espelho e obriga Neusa Sueli a olhar-se nele.)* Olha! Olha! Olha!

NEUSA SUELI — Por favor, Vado, para com isso!

VADO — Olha! Olha bem! Vê! Cinquenta anos!

NEUSA SUELI — Vado, por favor, para com isso! Para com isso!

VADO — Cinquenta anos! Velha nojenta! Cinquenta anos!

NEUSA SUELI — Chega! Chega, pelo amor de Deus!

VADO — Olha, olha bem, velha! Bem velha! Cinquenta anos no mínimo!

NEUSA SUELI — Por piedade, Vado. Pelo amor de tua mãe!

VADO — Cinquenta anos! Fim da picada! Toda ruim. Ainda com essa meleca na cara, maquilagem e tal, engrupe os trouxas. Mas sem essa droga, deve ter bem mais de cinquenta.

NEUSA SUELI — Vado, chega! Por favor, chega!

VADO — Olha bem! Olha bem! Velhota! Coroa! O Veludo tinha razão. Galinha velha! Vamos ver sem essa meleca quantos anos tem.

(Vado tira o lençol da cama e o esfrega no rosto de Neusa Sueli.)

NEUSA SUELI — Não, Vado! Não! Por favor, não!

VADO — Cem anos! Cem anos ou mais! Quanta ruga! Que cara amassada! Que bagaço!

NEUSA SUELI — Para! Para com isso!

(Vado pega o espelho e faz Neusa Sueli olhar-se nele.)

VADO — Vê, puta, quanta ruga!

NEUSA SUELI — Chega! Chega! Chega! Não aguento mais. Chega!

VADO — Chega mesmo! Chega mesmo! Mesmo! Sou um cara boa-pinta, não vou perder minha mocidade ao lado de um bagaço. Cadê a grana, sua vaca? Onde está a grana de hoje?

NEUSA SUELI — Vou te dar a grana. *(Pega o dinheiro na bolsa.)* Está aí todo o dinheiro que tenho. Pronto. É seu. Está contente?

VADO — Tá legal. Assim é que é. Agora, tchau mesmo!

NEUSA SUELI — Não, você não vai saindo assim, não. Não leva a minha grana? Não é meu cafetão?

VADO — Vê se me esquece, velhota!

NEUSA SUELI — Você não vai se arrancar!

VADO — E por que não?

NEUSA SUELI — Nós vamos trepar.

VADO — Tá caducando?

NEUSA SUELI — E vai ter que ser gostoso.

VADO — Por dinheiro nenhum.

NEUSA SUELI — Vai, sim, Vadinho, meu cafetão.

VADO — Sai dessa, velha.

NEUSA SUELI — Velha, feia, gasta, bagaço, lixo dos lixos, galinha, coroa, sou tudo isso. Mas você vai trepar comigo.

VADO — Essa, não.

(Neusa Sueli fecha a porta do quarto e guarda a chave no seio.)

NEUSA SUELI — Viu? Já se tocou?

VADO — Abre essa porta. Abre essa porta. Anda! É surda, desgraçada? Não escuta a gente mandar? Abre essa porta! É melhor pra você.

NEUSA SUELI — É meu cafifa. Leva minha grana. Tem que me fazer gozar. Custe o que custar.

VADO — Você está me baratinando.

NEUSA SUELI — Pra você ver.

VADO — Abre essa porta! Abre!

NEUSA SUELI — Não adianta espernear.

VADO — Você quer apanhar?

NEUSA SUELI — Quero, sim. Me bate. Bate legal.

VADO — Não vou me afobar. Vou tirar de letra. Puxo uma palha e te deixo aí na tara.

NEUSA SUELI — Experimenta.

VADO — *(Deitando na cama.)* Boa noite, velha!

NEUSA SUELI — *(Pega a navalha.)* Vado, se você dormir, eu te capo, seu miserável!

VADO — Que é isso? Tá louca?

NEUSA SUELI — Estou. Estou louca de vontade de você. Se você não for comigo agora, não vai nunca mais com ninguém.

VADO — Mas que é isso, mulher?

NEUSA SUELI — Pode escolher, seu filho da puta!

VADO — Sai dessa dança, Sueli. Poxa, que negócio mais zoeira. Você embarca em todas. Poxa, por isso que eu às vezes me invoco com você. Qualquer sarrinho e você perde a esportiva. Que onda! Não sabe brincar? Estava tirando um barato de leve, você já apela, já faz drama. Não pode ser assim, não.

NEUSA SUELI — Você não precisa gastar saliva comigo. É só trepar e pronto. Sou velha, mas quero te ter. Entendeu?

VADO — E precisa de ferro pra quê? Vai me obrigar?

NEUSA SUELI — Vou!

VADO — Você é uma trouxa mesmo. Entra sempre em canoa furada. Me divirto sempre às suas custas. Quer dizer que grudou essa onda de velha? Porra, está na zona há um cacetão de tempo e não aprendeu nada? Que paspalha! Quer dizer que você me acha o rei dos otários? Devia te bolachar por essa. Mas deixa pra lá. Você já está queimada. Deixo barato. Não vou criar caso. Mas vê se te manca. Poxa, você acha que se eu te achasse coroa jogada-fora ia estar aqui esticando papo? Me mandava sem dizer nada. Dava um pinote sem tu nunca saber por quê. Assim que é.

NEUSA SUELI — Então... então... por que toda essa bobageira?

VADO — Sou Vadinho, cafifa escolado. Judio de mulher pra elas gamarem.

NEUSA SUELI — Não precisa nada disso.

VADO — Minha embaixada! Sabe como é. Escuta esse papo que é de verdade. Eu estava borocoxô. Não queria fazer a obrigação. Inventei a onda. Grudou. Azar teu.

NEUSA SUELI — Mas faz um tempão que você não me procura.

VADO — Não faz tanto tempo assim. O que é bom deixa saudade. Isso que é.

NEUSA SUELI — É... é...

VADO — Agora, tem um porém! Se eu não estivesse a fim, não ia ter navalha que me obrigasse. Pode botar fé no que te digo. Eu sou um cara que só embarco por gosto.

NEUSA SUELI — Você sabe conversar.

VADO — Que nada! Sou é da firmeza. Meu defeito é brincar muito.

NEUSA SUELI — Eu estou na merda... Eu estou na merda...

VADO — Que papo careca é esse?

NEUSA SUELI — Você me arreou.

VADO — Não complica. Larga o ferro e está tudo legal.

(Neusa Sueli deixa cair no chão a navalha que segurava.)

VADO — Assim. Bonitinha. É gamada em mim, pra que fazer guerra?

(Vado aproxima-se de Neusa Sueli, que está sentada na cama. Vado começa a acariciá-la, enquanto disfarçadamente retira a chave da porta que estava no seio de Neusa Sueli. Em poder da chave, ele se encaminha pra porta, abre-a e sai. Neusa Sueli, quando percebe que Vado saiu, corre até a porta e grita:)

NEUSA SUELI — Vado!... Vado!... Você vai voltar?... Você vai voltar?...

(Neusa Sueli fica por algum tempo parada na porta, depois volta, pega um sanduíche de mortadela, senta-se na cama, fica olhando o vazio por algum tempo. Depois, prosaicamente, começa a comer o sanduíche.)

O ABAJUR LILÁS

(Peça em dois atos)

Personagens

Dilma
Giro
Célia
Leninha
Osvaldo

I ATO

Primeiro Quadro

(Ao abrir o pano, Dilma acaba de fechar a porta de saída, como se se despedisse de alguém. Volta contando a grana com expressão de desânimo, senta-se na cama e fica olhando o vazio. Está bem apagada. De repente, a porta é aberta de supetão. Dilma leva um grande susto. Entra Giro.)

GIRO — *(Rindo.)* Puta susto que tu levou!

DILMA — Por que tu não bate antes de entrar?

GIRO — Queria te pegar no flagra.

DILMA — Essa que é a tua?

GIRO — Sabia que ia te encontrar aí sentada como uma vaca prenha. Não quer mais nada. Estou na campana. Assim não dá pedal. Tu e a outra não querem porra nenhuma. Que merda! Que merda!

DILMA — Não viu que o freguês se mandou agorinha?

GIRO — Aqui, ói! Ele saiu há um cacetão de tempo.

DILMA — Só porque tu quer.

GIRO — Estou na paquera. Não sou trouxa. Se dou sopa, sou passado pra trás. E vi bem quando o pinta se mandou.

DILMA — Conversa! O freguês saiu neste minuto. Ainda nem me lavei.

GIRO — Claro, fica aí sentada pensando, pensando, nem vê o tempo passar. Se tu fosse esperta, nem se lavava. Encarava um loque atrás do outro, de qualquer jeito.

DILMA — Não sou porca.

GIRO — Grande merda! Os otários nem estão se tocando nessas besteiras. Querem é trocar o óleo. O resto que se dane. É só fazer ai, ai, ai, e deixar andar. Eles saem certos que agradaram. E é melhor pra ti. Vai por mim, que tu vai ver como chove na tua horta.

DILMA — Ou na tua.

GIRO — Na dos dois. A gente é sócio, porra!

DILMA — Eu entro com o batente e tu pega a grana.

GIRO — Queria eu poder fazer michê. Não ia dar moleza. Fazia uns vinte michês por dia. E de cara alegre.

DILMA — Com a tua cara, tu ia morrer de fome.

GIRO — Claro, estou velho. Mas já tive meu tempo. Fui de fechar. Naquele tempo não tinha essas ondas de travesti. Era um nojo. Qualquer coisa era um escândalo. Mas no Carnaval só dava eu. Me badalava. E o que me salvou é que sempre tive juízo. Juntei um dinheirinho e montei esse mocó. Beleza acaba. Se eu não cuidasse de mim, hoje estava na rua da amargura. Por isso é que digo que tem que faturar enquanto pode. O que é bom dura pouco.

DILMA — Vai falar isso pra mim?

GIRO — Quem é que está sentada aí como pata-choca?

DILMA — Já me virei paca hoje.

GIRO — Eu estou contando. Tu entrou com homem aqui cinco vezes hoje à noite.

DILMA — E os três da tarde não conta?

GIRO — E tu acha muito?

DILMA — E não é? Oito vezes. Não é mole.

GIRO — Isso não é nada.

DILMA — Quem está ardida é que sabe.

GIRO — Tu é cheia de luxo.

DILMA — Quem gosta de mim sou eu.

GIRO — E se lava com sabão de coco. Pensa que eu não sei?

DILMA — É o melhor.

GIRO — O mais barato.

DILMA — Desinfeta. Vale tanto quanto álcool.

GIRO — Sei que vale. Por isso que tu anda ardida à toa.

DILMA — À toa? Oito por dia!

GIRO — Pra panela larga, isso não quer dizer nada.

DILMA — Tu é muito engraçado, mas de mim tu está por fora.

GIRO — Esqueceu que hoje é sexta-feira?

DILMA — Grande merda!

GIRO — Sabe que dia é hoje?

DILMA — Sexta-feira.

GIRO — Dia doze.

DILMA — Grande merda!

GIRO — Grande merda! Grande merda! Aqui, ói! Toda puta sabe que na primeira sexta-feira depois do dia dez é que os cavalos de salário-mínimo vêm pras bocas a fim de tirar o atraso.

DILMA — Já me virei o que podia.

GIRO — Se tu fosse esperta, fazia uns doze michês.

DILMA — E nunca mais fechava as pernas.

GIRO — Depois, no meio do mês, tirava um dia de folga.

DILMA — Por hoje, chega. Fiz o que pude. E também, já é fim de noite. Não tem mais ninguém na rua.

GIRO — *(Indo até a janela.)* Vem olhar. Olha quanto trouxa se batendo atrás do mulherio. Vem ver. A Célia deve estar esperando tu descer pra subir freguês.

DILMA — *(Vai até a janela.)* Cadê os pintas que tu viu?

GIRO — Que é aquilo ali?

DILMA — Não estou vendo ninguém com pinta de trouxa.

GIRO — Tá bem, Dilma. Aquilo que está parado na porta do bar não é homem?

DILMA — São os amigos das mulheres. Estão só na boca de espera. Eu é que não vou me chegar a cafetão.

GIRO — Se eles estão esperando, é porque o mulherio ainda está se virando. E tu devia mesmo arranjar um cafifa. Assim ele fazia tu se virar até não poder mais.

DILMA — Vê se eu sou besta de sustentar homem! Tenho um filho pra criar.

GIRO — Não parece.

DILMA — Mas pode crer que ele está bem cuidado.

GIRO — Isso é problema teu. Agora, pinica! Esse papo já ficou comprido demais. A Célia precisa subir com o freguês dela. Ela não pode ficar a noite inteira esperando que tu resolva se lavar.

DILMA — Se não fosse tu vir aqui encher o saco, eu já estava limpa e dormindo.

GIRO — Dormindo?

DILMA — É. Dormindo. Estou entregue às traças.

GIRO — E se a Célia chega com o freguês? Que ia acontecer? Iam fazer bacanal? Aqui não quero batota. Nada que faça barulho. Depois os tiras vêm encher o saco.

DILMA — Que bacanal! A Célia está no bar enchendo a caveira de cachaça. Já parou por hoje.

GIRO — Que merda! Que merda! Tu e a Célia estão se escamando. Por isso que esse mocó não rende a metade do que devia render. Qualquer filho da puta com um apartamento desses faz uma bruta nota. O desgraçado aqui só pega as sobras. Que merda! Fico aqui no pinga-pinga de dar nojo. Só de conta de luz, pago uma grana sentida. Acho que as duas só trepam de luz acesa. E de água, nem se fala. Essa mania de se lavar toda hora dá no meu bolso. Mas nada disso tinha importância se as duas se virassem bem. Mas que nada! Uma é mais folgada que a outra. Não sei o que as duas pensam. Acho que tu e a Célia pensam que esse mocó caiu do céu pra mim. Mas aqui, ói! Dei duro. Trabalhei, trabalhei, trabalhei pra conseguir essa droga. Agora ele tem que render. Que é que tu e a Célia pensam? Me diz. O que tu e ela pensam?

DILMA — Ela, não sei, nem quero saber.

GIRO — Tá bem. Ela é ela. E tu, o que acha?

DILMA — Sei lá.

GIRO — Porra, que puta ideia de merda que tu faz das coisas! Sei lá, sei lá.

DILMA — E sei lá mesmo. Eu faço o que posso.

GIRO — Sentada na cama como uma panaca?

DILMA — É. Oito pissos num dia. Não tá bom?

GIRO — Pra mim, não

DILMA — Então vai tu no meu lugar.

GIRO — Nojenta! Filha da puta!

DILMA — Ia ser um sarro do cacete tu fazendo a vida. Tu ia ganhar o que a Maria ganhou na horta: um pepino. Só que em tu ia ser na fuça pra tu criar jeito.

GIRO — Vai gozando. Tu vai ver o chaveco que vou te aprontar. Pra tu e pra Célia.

DILMA — Vai mandar me dar um couro?

GIRO — Não sei. Na hora tu vê.

DILMA — Se tu fizer graça, te apronto.

GIRO — Otária! Eu tenho cobertura. Em mim, não pega nada. Tenho dinheiro, dinheiro. Bastante pra trombicar meio mundo. Se tu duvida, apronta o rolo. Apronta e deixa pra mim. Pego uma grana e arrumo tua cama. Mando te darem uma biaba e, se tu ciscar, vai em cana, boboca. Vai dizer que tu não sabe que a corda sempre arrebenta do lado mais fraco? Eu guardo tudo que eu ganho por essas e outras. Se for preciso, nem me afobo. Mando botar pra quebrar. Ninguém vai me dar um devo. Muito menos tu e a tua amiga.

DILMA — Que amiga? Quem tem amiga é greluda. E eu não sou dessas coisas.

GIRO — Sei lá. Só sei que, antes de alguém daqui querer fazer o salseiro, é melhor pensar bem. É só lembrar que eu tenho dinheiro pra comprar muita coisa.

(Pausa. O ambiente fica tenso. Giro, depois de um tempo, se acalma e, pra aliviar a barra, fala em tom macio.)

GIRO — Eu não sou mau. Tu me conhece e sabe que não sou. Claro que eu quero beliscar uma grana. Sou igual a todo mundo. Só tu e a Célia é que não são do batente. Não sei por quê. Então eu falo mesmo. E é por bem que eu falo. Já passou pela tua moringa se amanhã tu ou tua amiga ficarem podres?

DILMA — Vira essa boca pra lá.

GIRO — Pra teu governo, vou te contar uma história.

DILMA — Depois de oito trepadas, eu vou querer saber de histórias? Quero é me apagar.

GIRO — Mas essa é bom tu escutar. Aconteceu nessa merda aqui mesmo. Uma manhã, eu vim limpar o mocó. Sabe o que encontrei dentro da merda da pia? *(Faz cara de nojo.)* Ai, nem quero me lembrar que me dá nojo.

DILMA — Então esquece.

GIRO — Era um puta escarro. Que nojo! Que nojo! *(Giro puxa um catarro do peito, vai cuspir na privada, dá descarga e volta.)* É assim que os filhos da puta que têm educação fazem, quando têm que escarrar. Não é na pia, como as porcas. Que coisa nojenta! Só queria saber quem foi que fez isso.

DILMA — Eu não fui.

GIRO — Quando aparece uma coisa errada nunca é ninguém.

Mas eu não estou ligando. Se tu e a outra piranha não receberam educação quando eram pequenas, que culpa tenho eu?

DILMA — Já falei que não fui eu.

GIRO — Não sei quem foi. Mas estou falando pra teu bem e da tua amiga.

DILMA — Amiga uma ova! Quem tem amiga é roçadeira. E eu já te disse que meu negócio é homem.

GIRO — Tá bem, tá bem. O que quero dizer é que uma das duas aqui é porca, sem-vergonha, nojenta e tudo. Não sei quem é, nem me interessa. Só estou falando, porque o escarro estava cheio de sangue.

(Pausa. Dilma fica preocupada.)

GIRO — Entendeu o que eu falei? O escarro tinha sangue. Um monte de sangue. Sangue. Sangue às pampas.

DILMA — Já escutei. Não sou surda.

GIRO — Mas tu se mancou no que eu quis dizer? Uma das duas está entralhada.

DILMA — Eu não sou.

GIRO — Não sei.

DILMA — Então fica sabendo.

GIRO — Não te vi escarrar.

DILMA — Quer ver?

GIRO — Porca!

DILMA — Então, fim de papo! A podre não sou eu.

GIRO — O que eu sei é que tu tem uma tosse meio escamosa.

DILMA — É de cigarro.

GIRO — Tu é médica? Não. Que eu saiba, tu é puta. Se é de cigarro ou de doença, quem sabe é o médico. Mas cada um que se cuide. Eu só estou falando pra tu se tocar que deve faturar. Essa que tem que ser a tua jogada. Faturar, faturar, faturar.

DILMA — Faturar até o loló criar bico.

GIRO — Claro. De todo jeito e de qualquer lado. Como as polacas.

DILMA — Não sou descarada

GIRO — Por isso é que está na merda.

DILMA — Quem está na merda? Eu? Não sei por quê. Oito michês por dia somam uma grana.

GIRO — Que podia ser mais. Muito mais. É só não ficar fazendo dengo. Não ficar bancando a fresca. Aí tu ia ver o que era uma mina no meio das pernas.

DILMA — Só sei que me defendo.

GIRO — Taí a mancada. Tu faz chiquê quando falo das polacas, mas elas descobriram o Brasil. Tudo quanto era puta devia entrar com uma graninha, faziam uma vaquinha e erguiam uma estátua pras polacas. Como as danadas entendiam das coisas! Eu fiquei vivo depois que conheci a Madame Bebete. A sacana se fingia de francesa. Os trouxas preferiam. Francesa estava na moda. Ela, que era viva, enganava. Mas o que contava era na cama. Era de tudo. De tudo, como deve ser uma puta.

DILMA — Uma puta nojenta e sem-calça. Sou mulher da vida, mas tenho moral. Comigo é aqui. Se o freguês quiser outros babados, mando falar com tu mesmo, que é bicha.

GIRO — Manda mesmo. Mas teu mal é esse. Se é puta, se dane. Seja puta até o fim. Que merda de moral é essa tua? Encara tudo com chiquê. Pra fazer papai-e-mamãe, os homens fazem na cama deles. Pra isso eles têm esposa.

DILMA — São todos uns sem-vergonha.

GIRO — Agora tu vai cagar no prato que come? Graças a Deus que os homens dão os pulinhos deles. Senão, ai da gente que vive disso.

DILMA — Tem montes de homens solteiros.

GIRO — Esses, na maioria, acabam na mão.

DILMA — Eu é que sei. Tenho filho pra criar. E com que boca ia beijar ele, se entrar na tua onda?

GIRO — A água lava tudo.

DILMA — Tu é nojento.

GIRO — Eu, é? Mas quem escarra sangue não sou eu, que me cuido.

DILMA — E sou eu? Tu acha que sou eu?

GIRO — Só avisei que alguém aqui está tuberculosa.

DILMA — Mas eu não sou! Não sou! Não sou! Tá bem? Tá bem que não sou eu?

GIRO — Se não é tu, é a Célia.

DILMA — Então fala com ela.

GIRO — Tu que é amiga dela é que deve falar.

DILMA — Já te disse que não tenho amiga nenhuma.

GIRO — Mas tu dorme aí com ela.

DILMA — Grande merda!

GIRO — Ela pode te passar a doença.

DILMA — A Célia também não tem nada.

GIRO — Sei lá. Eu só estou falando porque vi sangue no escarro da pia. Quis te abrir o olho.

DILMA — Não força a ideia. Tu quis é me atucanar, pensa que eu não sei? Tu fica nessa bronca de veado velho e, pra se vingar, pega no pé da gente. Vai ver que não tinha escarro nenhum nessa pia. E muito menos sangue. Tu é que inventa. Sei bem como tu é tinhoso.

GIRO — Eu inventei? É tudo mentira? Tá bom. Vai levando. Fica com marola na viração. Não pode isso, não pode aquilo, depois tem que beijar o filhinho. Mas vai levando tuberculose pra ele. Pra isso tu não liga!

DILMA — Nojento!

GIRO — Só quero dar um conselho.

DILMA — Se conselho fosse bom, tu não dava, vendia. Muquinha como tu é, vai dar alguma coisa que preste? Logo tu! Um veado velho e escroto, que só pensa em dinheiro pra dar pra teus machos sem-vergonha.

GIRO — Xinga! Xinga! Só queria que Deus te castigasse e teu filho saísse um veadinho.

DILMA — Vai agourar a puta que te pariu!

GIRO — *(Rindo.)* Não precisa ficar bronqueada.

DILMA — Vai te danar, vê se me esquece, vai dar pra quem te come, mas me deixa em paz.

GIRO — Tu tem medo que teu filho sai bicha?

DILMA — Prefiro ver ele morto.

GIRO — Não sei por quê. Tem bicha nas melhores famílias. E que é que tem? Cada um faz o que quer, dá o que é seu. A terra vai comer mesmo.

DILMA — Corta esse papo mais careca.

GIRO — Ela fica apavorada só de pensar que o filhinho dela pode sair bicha. *(Ri nervoso.)* Tu tem nojo de veado, né? Tu deve ter nojo de mim. Eu sei. Tu me engole porque depende do meu mocó. Só por isso. Se tu pudesse, tu me expulsava daqui agora mesmo. Eu sei que tu, a Célia, os homens lá debaixo, os que me ajudam a tomar conta das minhas putas, os policiais, todo mundo tem raiva de mim. Todo mundo. O desgraçado que toma meu dinheiro, o garçom do botequim fedorento que serve aquela comida porca, o cozinheiro, todo mundo. Até os fregueses desse treme-treme têm raiva de mim. Inveja. Tudo inveja. Morrem de inveja de mim. Sou puto, nojento e tudo mais. Mas não preciso de ninguém. Nem dou bola. Venho aqui como amigo. Estou só querendo levar um papo. Mas não posso. Tu tem inveja. Não se conforma de ter que ganhar teu pão numa cama que é minha. É como o garçom que se dobra com nojo pra apanhar a gorjeta que eu deixo. E os filhos da puta todos que vivem às custas das propinas que eu dou. Eu, mais ninguém. Eles têm bronca. Mas eu quero que tu, a Célia, todo mundo vá à merda. Eu juntei dinheiro. Tenho coisas. E todos aqui neste prédio dependem de mim. Todos. Os que não acreditam, é só se assanharem pra ver. Sou veado, mas não sou bunda-mole. Sei viver. Se alguém quiser engrossar, pago uns homens e mando bater, matar e os cambaus. Tenho dinheiro e posso mais que todos aqui. E tu que abra o olho. Não vou esquecer que tu me chamou de veado nojento.

(Pausa longa. Célia começa a cantar fora de cena.)

DILMA — É a Célia.

GIRO — Vem de fogo, pra variar.

DILMA — Ela é alegre.

GIRO — Bêbado, até eu.

DILMA — Ela bebe com o dinheiro dela.

GIRO — Toda noite. Depois, fica de ressaca no outro dia. Daí, não quer trepar. E é dinheiro a menos no meu bolso.

(Entra Célia. Vê Giro no quarto e começa a rir.)

GIRO — Qual é a graça?

CÉLIA — A tua cara de bicha velha é um sarro.

GIRO — Nojenta!

CÉLIA — Veadão, veadão, veadão!

GIRO — Vamos acertar as contas.

CÉLIA — Já ou agora?

GIRO — Quanto tu fez?

CÉLIA — Seis michês.

GIRO — Tu não quer nada mesmo.

CÉLIA — Deu pras pingas, tá bom.

GIRO — Pra mim, não.

CÉLIA — Tu acha pouco?

GIRO — Acho.

CÉLIA — Então vá à merda antes que eu me esqueça. Só tenho uma xoxota.

GIRO — Bebe como uma vaca, depois não aguenta o repuxo. A Dilma fez oito. E tu, que tem a biela larga, seis.

CÉLIA — Ela é ela.

GIRO — E tu é tu.

CÉLIA — Que puta bicha bidu!

(Célia ri e tem ataque de tosse.)

GIRO — Tá podre! É ela! Bem que tu me disse, Dilma. É ela! Agora eu vi. Tá ruim dos peitos. Bem que tu me disse!

CÉLIA — Que papo chibu é esse? Que tu disse, Dilma? Que porra de ruim dos peitos é essa?

DILMA — Eu não disse nada. Essa bicha é que inventou uma história de catarro com sangue.

GIRO — Inventei, vírgula! Eu vi. Vi com essas botucas que a terra vai comer. Um puta catarrão com sangue e tudo. Coisa de tuberculosa. Eu vi. Estava na pia.

CÉLIA — Só se foi tu que cagou na pia.

GIRO — Não sou porco.

CÉLIA — É bundeiro, sem-vergonha, porco e tudo. É veado.

GIRO — E tu é uma bêbada, tuberculosa e cheia de chato.

CÉLIA — Só se peguei a carga de chato da tua mãe. Ela é que tinha muquirana, aquela roçadeira greluda.

GIRO — Tu me paga, tu me paga! Vou te dar um couro, bêbada sacana!

(Célia e Giro se atracam numa briga violenta.)

DILMA — Parem com essa merda! Isso não leva a porra nenhuma! Parem!

(Giro e Célia se xingam muito. Giro leva vantagem e vai pondo Célia pra fora de cena.)

CÉLIA — Tu me paga, veado escroto! Vai ter troco. Pode contar que tem. E pra tu também, Dilma. Eu acerto as contas contigo. Tu e essa bicha vão ver.

(Célia vai embora xingando.)

GIRO — Cadela sem-vergonha! O que é teu tá guardado. Vou

mandar te dar umas porradas. *(Volta-se pra Dilma.)* Ela me paga. Tu vai ver amanhã. Vou mandar descer o cacete nela.

DILMA — É melhor deixar barato.

GIRO — A vagabunda me machucou. Vou descontar.

DILMA — Tu bateu nela.

GIRO — E vou bater mais. Essa Célia é muito folgada.

DILMA — Está bêbada.

GIRO — Se não sabe beber, beba merda.

DILMA — Amanhã ela fica de cabeça fresca e fim.

GIRO — Fim, uma porra! Ela que vá bagunçar o mocó da puta que a pariu. Se for preciso, eu chamo os homens. E tu também!

DILMA — Livra a minha cara!

GIRO — Eu te manjo. Tu é que apronta os rolos.

DILMA — Que é que eu fiz?

GIRO — Tu botou ela contra mim.

DILMA — Que é isso? Eu não quero nem saber. Não me meto em fuxico. Tenho meu filho pra criar. Só estou aqui porque preciso.

GIRO — Filho pra criar? Eu sei. Filho pra criar!

DILMA — É isso mesmo. Tenho meu filho pra criar.

GIRO — Bela merda tu e o teu filho.

DILMA — Não se meta com minha criança.

GIRO — Puta não devia ter filho.

DILMA — Sou mulher igual a qualquer uma.

GIRO — Só que não tem como cuidar da cria.

DILMA — Ele está bem cuidado.

GIRO — Onde? Onde ele está?

DILMA — Está bem cuidado.

GIRO — Tu acha? Tomara que esteja. Ele é tão bonitinho. Só que filho de puta nunca está bem. Ninguém cria e cuida como a mãe. E putana não pode ficar de olho em cima. Aí é broca. Os gorgotas se achegam e beliscam a criança.

DILMA — Nojento! Meu filho ainda é nenê.

GIRO — Então, é de pequeno que se torce o pepino.

DILMA — Para com essa arenga, Giro! Para, pelo amor de Deus!

GIRO — Só estou falando. Disso eu entendo. Se eu não entender de veadagem, vou entender do quê? E filho de puta sempre vira veado.

(Giro ri.)

DILMA — Porco!

GIRO — E o teu também vai ser. Só pra pagar a tua língua.

DILMA — *(Emocionada.)* Como tu é porco! Que é que tu ganha em me aporrinhar? Será que tu só sabe atucanar meio mundo? Já não chega a porra de vida que eu levo? Por que tu acha que eu me viro? Tu pensa que eu gosto desta merda? Não gosto nada. Dia e noite no batente. Encarando branco, preto, amarelo, tarado, bebão, brocha, nojentos, sujos e tudo o que vem. E eu aí, só enfurnando a bufunfa. Não vou a lugar nenhum. Não gasto um puta de um tostão à toa. Só pra dar o que tem de melhor pro meu nenê. Pra dar uma vida de gente pra ele. Só por ele. Casa, comida, cuidados e tudo que só os bacanas têm. Os nenês não têm culpa dessa putaria que é o mundo. E por isso, eu vou virar o jogo. E disso tu não duvida, tá?

GIRO — Eu não duvido de nada. Só acho que tu devia faturar mais. Só isso.

DILMA — Sei o que posso e o que não posso.

GIRO — Ainda bem. *(Pausa.)* A Célia é que vai entrar bem. Nada como um dia atrás do outro. *(Giro vai sair, mas para na porta, vendo Dilma sentada.)* Tu não vai deitar? *(Pausa. Dilma nem se mexe.)* Tu que sabe. Quer ficar sentada a noite inteira, fica. *(Pausa.)* Mas amanhã tu vai estar cansada. *(Pausa.)* Bom, tu que sabe. O corpo é teu. *(Pausa.)* Vou apagar a luz. Pra que gastar luz à toa, né?

(Giro apaga a luz e sai. O quarto fica na penumbra.)

DILMA — *(Resmungando.)* Filho da puta! Muquinha! Veado nojento! Teu dia chega. Chega, sim.

(Dilma acende um cigarro. Retira da carteira um retrato, olha bem, beija e começa a chorar baixinho. Depois de um tempo, entra Célia, vem cambaleando de bêbada. Cai, levanta-se, entra no banheiro. Escuta-se o barulho de Célia vomitando. Depois ela volta, cai na cama e adormece. Dilma continua sentada. Luz fecha toda.)

Segundo Quadro

(Luz acende. Célia está dormindo. Escuta-se descarga de privada, e logo depois Dilma aparece, saindo do banheiro. Está só de combinação. Senta-se na banqueta da penteadeira e começa a se arrumar. Depois de um tempo, vai até a cama e sacode Célia.)

DILMA — Acorda, Célia. Já é tarde paca. Acorda, Célia. Tá na hora, acorda.

CÉLIA — *(Acordando.)* Que horas são?

DILMA — Quase três.

CÉLIA — Porra!

DILMA — Porra mesmo.

CÉLIA — Três horas! E a bichona velha não piou por aqui?

DILMA — Botou a fuça, te viu apagada e saiu de pinote. Acho que tá a fim de te aprontar uma gronga.

CÉLIA — Filho da puta!

DILMA — *(Continuando a se arrumar.)* Anda, Célia. Não dá sopa pro azar.

CÉLIA — Que puta ressaca!

DILMA — Quem manda beber?

CÉLIA — É o jeito que tenho pra me escorar. Só de caco cheio aguento essa zorra. Parece que levei uma surra do cacete.

DILMA — Tu nem lembra que tomou umas biabas da bichona? Beber assim é pra se acabar.

CÉLIA — Eu fiz enxame? Só me lembro que a bichona estava azeda.

DILMA — Tu se pegou com ele pra valer.

CÉLIA — E como acabou?

DILMA — Tu se mandou pra rua.

CÉLIA — Que bosta! Devia ter cortado a bicha de gilete. Mas então é por isso que eu estou toda doída. O veadão deve ter me acertado bem. Mas tem troco. Tu vai ver.

DILMA — Só se tu der o troco com o rabo.

CÉLIA — Tu duvida?

DILMA — Ele tem as armas na mão. O mocó é dele. Se tu acerta ele, já viu. Ele te manda andar. E daí?

CÉLIA — Me viro.

DILMA — Como?

CÉLIA — Sei lá, porra! Eu não sou nenhuma jogada-fora. Me arranjo fácil.

DILMA — Tu que pensa. A bichona bota a boca no trombone e tu se entralha. Nenhuma cafetina te aceita. Elas ficam achando que tu é de criar caso. O que tu pensa? Essa raça maldita é toda combinada. Uma cafetina dá cobertura pra outra. E com essas e outras, a gente que se entruta.

CÉLIA — Conversa! A gente sempre acaba arrumando a vida.

DILMA — Mas que adianta? Sair da mão do Giro pra cair noutra, dá na mesma. É melhor aturar essa bichona, a gente já conhece os macetes dele. É mais mole chuveirar. A gente ganha ele no papo.

CÉLIA — O desgraçado só embarca quando quer.

DILMA — O baralho é dele. Temos que tocar de leve. Agora, vê se te mexe. Eu já estou quase pronta. E tu tá ainda aí. O Giro tá com bronca tua. Vê se não folga. Se vira o mais que puder. Quando tu estiver com freguês, o puto não encosta. Até a noite, eu ajeito o resto. Te limpo a barra. Vai por mim.

CÉLIA — Isso não dá pé.

DILMA — Vai por mim, Célia. O Giro tá com sede tua.

CÉLIA — Que se dane!

DILMA — Que é? Agora tu gosta de apanhar?

CÉLIA — Gosto, porra nenhuma.

DILMA — Então tira o cu da reta.

CÉLIA — Que adianta? Se ele tá a fim de me pegar, pega mesmo. Pra ele fica barato. É o pau de mando.

DILMA — Por isso que tu tem que fazer jogada.

CÉLIA — Que jogada, porra nenhuma! Sei o que ele quer. Que eu vá pra rua, me vire, me vire, até ficar arrombada. Aí, eu fico no bagaço, e a bicha, contente. Aqui, ói! Cansei de charla e de milonga. Vou endoidar a bichona.

DILMA — Aí o cupincha dele te arrebenta.

CÉLIA — Pago pra ver.

DILMA — Tu tá de bobeira.

CÉLIA — Só porque tu quer.

DILMA — Eu sei como a gente pode aterrar ele.

CÉLIA — Com bate-caixa fiado? Eu é que sei como é.

DILMA — Sentada aqui é que não vai ser.

CÉLIA — Eu não estou perdendo tempo.

DILMA — Ah, não?

CÉLIA — Conversa puxa conversa.

DILMA — Qual é a tua? *(Pausa.)* Se abre.

CÉLIA — Tu tem uma grana enfurnada, não tem? Não adianta me engrupir. Eu sei que tu tem.

DILMA — Tenho. Mas não é muito. E é pra cobrir meu filho.

CÉLIA — Eu sei, eu sei, tu tem filho. É legal. Tá certo. Mas é por ele. Por ele, tu deve embarcar na minha.

DILMA — Que tua?

CÉLIA — Tu me empresta a grana. Eu compro uma draga. Sei quem vende a preço bom. Daí, a gente vira a mesa. Fica tudo no taco.

DILMA — Tu tá batusquela!

CÉLIA — Tu tem medo? Se é isso, deixa pra mim. Faço a bicha com alegria. Antes do veado ciscar, dou-lhe um teco na lata. Mando o puto pro beleléu. É só tu entrar com a grana, o resto é meu.

DILMA — Não quero nem saber. Tu tá doida de pedra.

CÉLIA — É mole, pode crer.

DILMA — Tu quer apagar a bicha?

CÉLIA — Se for preciso. Antes, só quero endurecer. A bufunfa que ele pega da gente é demais. Não tá direito. Então, o negócio é a gente deixar certo. Cada vez que a bichona der uma folga, eu mando a carteira dela. Só ali na furqueta. Mas, se ela desconfiar e quiser espernear, eu encaro ela de berro na mão. Aí o papo é outro. A bicha tem que segurar as pontas.

DILMA — Não é nada disso. Eu tenho meu filho pra criar, entendeu? Tu é tu mesmo. Tanto faz como tanto fez. Mas essa porrice-louca não dá pra mim. Eu sou meu filho. Tu já pensou se eu entro numa gelada, como é que ele fica? Pensa. O coitadinho não sabe de nada. Eu é que tenho que dar as dicas da vida pra ele. Sem mim, ele se dana. Pode até... pode até... Sei lá! Pode até virar um veado como esses Giros que andam por aí. Deus me livre! Eu não gosto nem de pensar. Não, não! Eu não gemi no parto pra largar cria solta nesse mundo de coisa ruim. Eu me dano. Me lasco. Me entralho. Mas faço do meu nenê um homem. Não um veado. Ele tem que ser bacana. Daí ele ocupa um lugar. E me ajuda. Aí, sim, a gente, eu e ele, mudamos o resultado do jogo. Já eu aguento a mão. É preciso. Meu nenê precisa. Mas eu vou dando os plás positivos. E dois é mais que um. Eu e ele vamos sair pra melhor. *(Pausa.)* Sem mim, o que ele faz?

CÉLIA — Se vira, porra!

DILMA — Como a gente?

CÉLIA — É, como a gente.

DILMA — Bela merda!

CÉLIA — Fedida. Merda fedida. Fedida.

DILMA — Eu sei. E não quero pro meu nenê nada disso.

CÉLIA — Mas se tu ficar se arreglando, não vai dar outra coisa. No papo, não vai mudar é nada. Tem que ser na congesta. De arma na frente. Se a gente ferra o puto, isso fica nosso. Tu vai poder dar o bem-bom pra tua cria. Vai. Vai mesmo. E aí é que é bacana.

DILMA — Tu pensa que é tudo no toma-lá-dá-cá. E o resto? E a cana? E os cupinchas da bicha? Tu acha que todo mundo vai se fechar em copas? Que eles vão largar um pesqueiro desses assim no mole? Que nada! Vai ter um puta escarcéu. E a gente fica no toco.

CÉLIA — Cupincha é cupincha. Eles estão com quem está no mando. Se a gente fica em cima, eles se bandeiam pro nosso lado.

DILMA — Falar é fácil.

CÉLIA — Tu não tem bronca da bichona?

DILMA — É só o que tenho.

CÉLIA — Então manda ver.

DILMA — Eu tenho meu filho pra criar.

CÉLIA — Por ele. Só por ele. Mete a cara.

(Pausa. Dilma pega um cigarro.)

DILMA — Quer fumar?

CÉLIA — Só quero guerrear a bicha.

DILMA — É melhor tu se vestir e se mandar pra rua. Eu já estou pronta e vou firme. Sei o que faço. Estou na putaria há mais tempo que tu.

CÉLIA — Tu é escolada paca.

DILMA — Sei de mim.

CÉLIA — Malandra como tu é, e tá na merda.

DILMA — Estou criando meu nenê. Depois muda tudo.

(Pausa. Dilma dá uma tragada e tosse.)

CÉLIA — Puta tosse feia.

DILMA — É do cigarro.

CÉLIA — Por que tu não faz um exame? Não custa nada.

DILMA — Por que tu não faz?

CÉLIA — Tu que tá tossindo.

DILMA — Tu já se olhou no espelho? Já viu como tu tá amarela? É melhor tu se cuidar.

CÉLIA — Eu me cuido.

DILMA — Só tou falando porque a bicha disse que viu um escarro com sangue aí na pia.

CÉLIA — Se viu, só pode ser teu. Tua tosse não nega.

DILMA — Se o catarro estava na pia, tá na cara que era teu. Tu que tem a mania de cagar fora do penico. Acha que isso enche o saco da bicha.

CÉLIA — Eu, uma ova!

DILMA — Se não foi tu, não sei quem foi.

CÉLIA — Deve ter sido a vaca que te pariu.

DILMA — Dobre a língua, cadela esporrenta!

CÉLIA — A vaca que te pariu!

DILMA — Que é? Vai querer me dar um tiro também?

CÉLIA — Cala a boca, vadia sem-vergonha!

DILMA — Não é essa a tua embaixada? Tu não queria apagar o Giro?

CÉLIA — Grita bem alto. Se não pegar nada, vai lá e me engessa pra bicha. Tu é arreglada com ele. Vai lá. Conta. O puto fica contente e te dá colher de chá. Vai lá, anda. As caguetas é que têm vez com esse filho de uma vaca morfética, esse veado nojento, porco, salafra, ladrão do meu suor...

(A porta se abre. Entra Giro.)

GIRO — Escutei tudinho!

CÉLIA — Só podia escutar. Vive com a bunda grudada atrás da porta.

GIRO — As duas putas falando mal de mim. Que merda! Que merda! Que merda! Que é que as duas têm na moringa? Titica de galinha? Que é que tu quer, Célia? E tu, Dilma? Não sou legal? As duas não fazem o que querem? O que dá na telha? As duas não falam o que querem? A Célia estava aí me xingando, xingando, e a outra vaca concordando com tudo. Que merda! Que merda! Que merda!

DILMA — Livra a minha cara, Giro. Eu estava com boca de siri. Não me bota nessa.

GIRO — Não adianta tirar a bunda da seringa. Sou bom, esse que é meu crepe. As duas montam. Porém um dia a casa cai.

É só me pegarem de ovo virado. Ontem, a Célia aprontou um puta salseiro. Eu já esqueci. Deixei prá lá. Pronto, ela já quer criar outro caso. Eu deixo tudo no barato. Mas me acham chato, porque quero ver as duas faturando. Pra isso, eu falo mesmo, sou chato. Nesse ponto, sou mesmo. Mas também, se não falo, ninguém se mexe. Ficam o dia todo flanando. Que merda! Que merda! Que merda! Olha a hora que já é. Batente! Saindo agora, no fim do dia nem dez michês vai dar, contando os das duas. Queria ver se eu fosse um filho da puta. Vamos, vamos, gente!

CÉLIA — Chega, porra! Tá de pilha nova ou de paquete? Tu fala paca.

GIRO — Nem escuto. Se escuto, tenho que te mandar à merda. E não vou perder tempo com briga. Se veste, Célia. E tu, que já tá pronta, pinica. A vida tá custando os olhos da cara. Anda, anda! A gente precisa beliscar uma graninha enquanto pode. Ninguém sabe o dia de amanhã. Eu vou lá em cima. Na volta, quero ver freguês aqui.

(Giro sai.)

CÉLIA — Filho da puta! Enganador! Nojento! Merecia um teco na fuça. Me empresta a grana, Dilma. Me empresta, que eu acabo com a bicha.

DILMA — Sai dessa dança escamosa! Tu viu que ele até te deu moleza. Acorda de uma vez e vai se virar.

CÉLIA — Tu entra nas chaves dele. Tu é mesmo uma bosta. Também, tem que ter desconto. Não tem embalo. Nem pode ter. Com o cupim roendo a caixa de catarro, fica frouxa.

DILMA — Tu que tá chué. Se não for do peito, é da cuca.

CÉLIA — Vê se eu tou podre, vê! Topo qualquer parada. Tenho lenha pra queimar.

DILMA — Claro. Não tem nada a perder. É sozinha e tá com um pé na cova. Tem que aprontar. Mas eu tenho um filho pra criar.

CÉLIA — Trouxa! Trouxa! A bicha deve ter armado alguma treta medonha nas encolhas. Só por isso é que ele quebrou minha bronca. Mas eu atucano a vida do puto. Sente essa!

(Célia agarra um abajur e joga no chão.)

DILMA — Pra que isso?

CÉLIA — Pra ver a bicha endoidar.

DILMA — Ele dá o troco pra nós.

CÉLIA — Eu sei.

DILMA — Essa que é a tua?

CÉLIA — Pra tu ver.

DILMA — Ele vai me entralhar. E eu não tenho nada com as tuas presepadas.

CÉLIA — Se dane!

DILMA — Mas tu quer me encaveirar?

CÉLIA — Bidu que tu é.

DILMA — Que tu ganha com isso?

CÉLIA — Só assim tu toma uma decisão.

DILMA — Mas eu tou noutra. Tenho filho pra criar.

CÉLIA — Problema teu. Se a bicha te apertar, tu tem que escolher: ou me entrega, ou me empresta a grana.

DILMA — Vá pra puta que te pariu! Não sou cagueta. Mas também não empresto grana nenhuma.

CÉLIA — Então vai levar carga dos dois lados.

DILMA — Não dá pra falar com porra-louca. *(Pausa. Dilma vai sair, para na porta.)* Abre o olho, Célia. Vê o que tu vai fazer.

CÉLIA — Tu tá podre. Vai se virar e trata de se calçar.

(Dilma sai.)

CÉLIA — Essa Dilma é uma merda.

(Célia acaba de se vestir rapidamente e sai.)

Terceiro Quadro

(Luz acende. Entra Giro acompanhado de Leninha, que vem com uma mala na mão.)

GIRO — É aqui. Tudo limpo e os cambaus. Como te falei. Pra tu ver que não sou de mentir. Nunca nenhum freguês reclamou de nada. Não é como alguns mocós que tem por aí, que são uma imundície.

(Leninha avança pro meio do quarto e faz cara de nojo.)

GIRO — Que é? Do que tu não gostou?

LENINHA — Dessa puta bagunça.

GIRO — Que bagunça?

LENINHA — Olha aí. Essa droga quebrada no chão.

GIRO — *(Vendo o abajur.)* Que é isso?

LENINHA — Eu é que vou saber? Cheguei nesta bosta agora.

GIRO — É o abajur quebrado.

LENINHA — Se vem um freguês e flagra a bagunça, pega mal.

GIRO — Deve ter quebrado.

LENINHA — Tá na cara, né, malandro? Se tivesse inteiro, não tava quebrado.

GIRO — Quer dizer, quebrou agora. Ou quebraram. Essa porra não ia quebrar sozinha.

LENINHA — Vai ver que foi o gato.

GIRO — Aqui não tem gato. Odeio bicho.

LENINHA — Por isso que Deus te castigou e fez tu nascer bicha. *(Ri.)*

GIRO — Foi uma das duas putas que quebrou. Que merda! Que merda! Isso é prejuízo. Mas que se dane! Não compro outro. Assim elas aprendem. Vão ter que trepar no escuro. Benfeito!

LENINHA — Tem freguês que prefere de luz acesa.

GIRO — E eu com isso?

LENINHA — A luz de cima fica acesa e gasta mais.

GIRO — *(Rindo.)* Aqui, ói! Aquelas duas vão deschavar. Elas vão ter vergonha de balançar as pelancas na cara do trouxa. *(Ri.)* Com abajur, ainda engana. Mas, ói! Elas não querem luz acesa. *(Ri.)* Já estão no bagaço. *(Ri.)* Têm que se enrustir. *(Ri.)* Há males que vêm pra bem.

LENINHA — E eu?

GIRO — Tu, o quê?

LENINHA — Não tenho nada com isso.

GIRO — Tu vai no claro. Tu pode. Tu é nova. Tu, eu não ligo que vá de luz acesa. Só quero te ver malhando.

LENINHA — Papo-furado, esse teu. Eu não vou dispensar o abajur. Não é por nada. É que eu gosto de ler.

GIRO — De ler? Ler?

LENINHA — É. Ler, porra! Que é que tem? Cada louco com sua mania. Tu gosta de bundar. Eu, de ler.

GIRO — Mas ler?

LENINHA — É, *Grande Hotel*, *Capricho*, essas porras. Manja? Sou vidrada.

GIRO — Mas isso é atraso de vida.

LENINHA — Que posso fazer? Sou tarada.

GIRO — Mas vai ler de luz acesa?

LENINHA — Que tu acha? Dá pra ler no escuro?

GIRO — Nunca vi. Que mania besta essa tua.

LENINHA — Porém precisa de abajur. Se não, tu já viu os bodes que vai dar. As duas piranhas querendo puxar o ronco e eu aí, querendo ler. No apaga a luz, acende a luz, o caldo entorna.

GIRO — Mas elas quebraram o abajur. Não vou comprar outro. Não vou gastar grana nenhuma. Meu dinheirinho não cai do céu.

LENINHA — Mas tu disse que aqui era tudo legal. Tu não disse? Era grupo teu. Já vi com quem vou lidar. Com um enrolador. Prometeu de araque.

GIRO — Sou positivo. Eu disse que tinha. E tinha. Só que quebraram o...

LENINHA — E não tem.

GIRO — Deixa eu acabar de falar.

LENINHA — É que tu fala comprido. Me cansa.

GIRO — Só quero dizer que se eu disse que tinha, e não tem, eu boto outro, tá?

LENINHA — Se vai comprar um novo, não precisa enxame. Compra e fim. E só pra te dar uma folga, me dá a grana que eu compro um bacaninha. Se deixo pra ti, tu me aparece com algum escroto de dar nojo.

GIRO — Tu já chega querendo me levar no bico.

LENINHA — Quero nada. Te trago a nota. Só quero é dar um capricho nessa porcaria.

GIRO — Vou te dar uma colher de chá. Mas só quero ver o que tu vai render. E pro seu governo, eu estou te achando muito invocada.

LENINHA — Eu sou assim.

GIRO — Acho melhor mudar.

LENINHA — Não mudo, não adianta.

GIRO — Pior pra ti. Eu sou bom pras minhas meninas. Deixo elas à vontade. Elas têm tudo que querem comigo. Às vezes sou chato. Elas que dizem. Mas falo pro bem delas. Quero que elas se virem o quanto podem, antes que a fonte seque. E elas são loucas pra encostar o corpo. E quando ficam na sombra, eu pego no pé delas. Aí, sou chato mesmo. Mas só aí. No resto, sou bom. Bom mesmo. Todas as putanas que já se viraram em mocó meu não se acostumam com outra cafetina. Elas mesmo dizem. Saem e logo querem voltar. Trouxa igual a mim não existe. Se uma menina tem um nó na tripa, ou outra coisa qualquer, eu logo corro, vou fazer um chá, não abandono. Eu sou assim. Que posso fazer? Mas, quando me aprontam, eu me vingo. Por isso, acho bom tu saber com quem tá lidando.

LENINHA — Vou saber. Quando as piranhas chegarem, elas dão tua ficha. Só que dão. Correndinho.

GIRO — Mas não é bom tu ir atrás delas. Elas têm uma língua desse tamanho. Vão me pichar.

(Leninha ri.)

GIRO — Qual é a graça?

LENINHA — Nenhuma.

GIRO — Então, do que tu riu?

LENINHA — De nada, porra. Ri por rir.

GIRO — Mas ninguém ri à toa.

LENINHA — Eu rio. Às vezes.

GIRO — Tu deve ser batusquela.

LENINHA — Deixa pra lá. Tu não falou que deixa cada uma na sua zoeira? Falou, não falou? Então, pronto.

GIRO — Tá bem, tá bem. Só que...

LENINHA — Não estou vendo minha cama. Onde eu vou dormir?

GIRO — Eu boto uma cama de solteiro aqui. Tu dorme nela. Pra se virar, tu usa essa.

LENINHA — Tu troca lençol toda vez que sai freguês?

GIRO — Não matei meu pai a soco. Troco uma vez por semana e olhe lá. Sabe quanto está a dúzia de roupa pra lavar? Uma fortuna.

LENINHA — *(Olhando o lençol da cama.)* Que nojo! Tá encardido paca. Precisa trocar pelo menos todo dia.

GIRO — Desse jeito, onde vou parar?

LENINHA — Sei lá! Só sei que agora vão ser três a se embrulhar nesse lixo. Tu vai faturar às baldas. Pode bem deixar de ser muquinha e trocar o lençol todo dia.

GIRO — Vá lá. Mas só quero ver se tu rende.

LENINHA — *(Vendo as fronhas dos travesseiros.)* As fronhas também. Olha que nojo! Algum loque de moringa cheia de brilhantina deitou aqui e emporcalhou tudo. Troca isso, troca.

GIRO — Tá bem, tá bem. Tudo pra te agradar. Só quero ver o troco.

LENINHA — Quando tu vai buscar minha cama?

GIRO — Pra se virar, já dá. Até de noite, eu ajeito tudo.

LENINHA — Hoje não vou pegar no batente. No primeiro dia, só arrumo minhas coisas. E depois, vou sair pra comprar o abajur. Por isso, é bom tu trazer minha cama logo.

GIRO — Quem tu pensa que é? Tu pensa que me dá ordens? Quem manda aqui sou eu. Sou o dono dessa merda. Gramei muito pra ter isso aqui. E sou eu que mando. Trago a cama quando achar que devo. Pensa que eu vou pôr mulher aqui pra mandar? Eu sei o que faço. E se tu falar muito, não vai ter abajur nenhum.

LENINHA — Tá. Vai ser como tu quer.

GIRO — Assim que tem que ser. Se tu falar sempre assim, tu tem tudo comigo.

LENINHA — Dá o dinheiro, que eu vou comprar o abajur. Enquanto isso, tu traz a cama pra cá. Quando eu voltar, já arrumo tudo. Tá bem assim?

GIRO — Tá. Vai comprar o maldito abajur que aquelas duas vacas quebraram. *(Dá o dinheiro.)* Traz a nota. Não é que desconfie de ti. Longe de mim julgar mal as pessoas. Mas é que tomo nota de tudo que sai.

LENINHA — Isso vai te fundir a cuca. É melhor ir a olho. Pra que queimar a mufa? Tudo é teu.

GIRO — Mas se não tomo nota, nunca sei quanto tá indo.

LENINHA — Já vou. Não esquece que na volta quero a cama aqui.

GIRO — Só se o Osvaldo chegar. Ele que faz a parte da força.

LENINHA — Que Osvaldo é esse?

GIRO — *(Com dengo.)* Um homem. Ele me ajuda. Faz a parte pesada. Arrasta móvel e... às vezes...

LENINHA — Te dá umas garibadas?

GIRO — Que nada!

LENINHA — Diz pra mim. Ele é teu gorgota?

GIRO — Não. É uma pena. Ele é bem bonito. Mas não quer saber. Nem de homem, nem de mulher.

LENINHA — É brocha?

GIRO — Uma pena, uma pena. Mas me ajuda bem. Às vezes, o mulherio fica muito assanhado e eu mando ele botar elas na linha. Ele gosta de bater. Ele é mau. Se uma puta cai nas mãos dele, sofre paca. Ele não tem dó. É forte e mau. Um tesão.

LENINHA — Mas é brocha. Benfeito!

GIRO — Deus te livre dele ter que te pegar.

LENINHA — Vai fazendo ele empurrar cama pra lá e pra cá. Pra mim, ele só serve pra isso.

GIRO — As duas que estão aqui vão saber quem é o Osvaldo. Quebraram o abajur e até agora não me apareceram com freguês. A gente está aqui esse tempo todo e neca das duas. Tudo isso é grana que eu estou perdendo. O Osvaldo vai ter serviço.

LENINHA — Cansei do teu papo. Vou buscar o abajur. Tchau!

(Leninha sai.)

GIRO — Nojentinha, nojentinha! Que merda! Que merda! Que merda! Será que não acerto? Só vem pra cá puta tinhosa. É praga. Preciso chamar um padre pra benzer essa droga.

(Batem na porta devagar, Giro fica mais bicha que nunca.)

GIRO — Entra, entra, meu bem.

(Entra Dilma, com um freguês.)

GIRO — Já saio já, querida. Estou só acabando de limpar o quarto.

(Giro dá uma arrumada na cama com bastante frescura. Dilma olha com pouco-caso. O freguês fica meio envergonhado.)

GIRO — Pronto! Pronto! Pronto! Prontinho, querida! Tá tudo lindo. Tchau. Ah, ia esquecendo. Deixa eu fechar a janela pro pessoal da frente não ficar xeretando o amor de vocês.

(Giro, com bastante frescura, vai até a boca de cena e puxa a cortina.)

II ATO

Quarto Quadro

(Ao abrir o pano, as três mulheres estão sentadas. Giro anda nervosamente de um lado pra outro. Osvaldo está parado junto à porta.)

GIRO — É assim que vai ser. Quem não quiser, que se dane! Vai ser assim e pronto. Qualquer filho da puta sabe que três rendem mais que duas. Eu falei, falei, falei, cansei de falar. Que merda! Que merda! Que merda! Ninguém me escutou. Se eu tivesse batido caixa com a parede, era a mesma coisa. Falei à toa. Agora não adianta chiar. A Leninha já tá aí. A culpa é de quem preferia ficar coçando a babaca em vez de ir se virar. Não tenho culpa. Tenho culpa, Osvaldo?

OSVALDO — Não.

GIRO — Claro que não. Eu não matei meu pai a soco. Não sustento burro a pão de ló. E preciso ganhar uma graninha enquanto posso. Já não sou novo. E não era só por mim que eu falava. A Dilma é uma que precisa. Otária como ela só, tem um filho pra criar. Trouxa! Em vez de se virar, se virar, se virar, fica entrando nas marolas da Célia. Qualquer coisinha, já pifa. Ai, ai, estou cansada. Que merda! Que merda! Que merda! Queria eu ter uma cona. Era um michê atrás do outro. Mas é sempre assim. Deus dá pão pra quem não tem dente.

Eu, com uma xota, ficava rico. Que merda! Que merda! Que merda! A Célia só sabe reclamar. Na hora de pegar homem, só se escama. Mas eu quero que se danem! Ou dão duro, ou acabam mal. Vão ser três. Três é mais que dois.

CÉLIA — A gente vai ficar amontoada aqui dentro.

GIRO — E eu com isso? Preciso adiantar meu lado.

CÉLIA — Com o couro da gente.

GIRO — Não me danei a vida toda pra abrir um asilo de puta. Este mocó custou o suor da minha cara. Agora, tem que render. E quem não estiver contente pode se arrancar.

CÉLIA — Eu vou de pinote. Quero que tu enfie essa droga no rabo.

GIRO — Vai, vai, vai! Depois tu vai ver como dói uma saudade.

CÉLIA — Tu pensa que aqui é um céu?

GIRO — Pode não ser. Mas as outras cafetinas não fazem pelas meninas nem a metade do que eu faço. Tu lembra, Dilma, aquela vez que tu estava com cólica? Lembra? Que tu tava aí rolando e gemendo de cólica? Eu levantei da minha cama e fui te fazer um chá. Lembra? Diz, diz, diz! Não te fiz um chá?

DILMA — Fez.

CÉLIA — Grande merda!

GIRO — Grande merda, não. Fiz. Queria ver qual a dona de puteiro que faz isso pelas suas meninas. Com elas é na lenha. Se uma piranha estiver com cólica, se dane. Não se mexem. Eu, não. Levantei da cama e atendi Dilma. Não foi, Dilma?

DILMA — Foi.

GIRO — E nem conto o frio que estava fazendo. Deixei a cama quentinha e fiz um chá pra ela. A Leninha não vai pensar que estou alegando. Fiz de coração. A Dilma sabe. Só falo pra refrescar a cuca dessa mal-agradecida. Ela vai ver o que é duro. Lá fora não tem Giro.

CÉLIA — Não embroma a menina. Tu cobrou o chá. Pensa que eu não sei? Tu cobrou.

GIRO — E tu queria o quê? Que eu gastasse meu dinheiro? Aqui, ói! Já fiz muito de levantar pra atender ela. Tu, que é puta como ela, nem se mexeu.

CÉLIA — Nem vi ela gemer.

GIRO — Claro, estava bêbada como uma vaca. Mas esquece! Não vou falar à toa. Tu é tinhosa. Vai embora. Vai se danar por aí.

CÉLIA — E já vou tarde.

GIRO — Só que antes paga o que me deve.

CÉLIA — Eu te devo porra nenhuma.

GIRO — E o abajur que tu quebrou?

(Célia e Dilma se olham.)

CÉLIA — Que abajur?

GIRO — O lilás. Que tu quebrou.

CÉLIA — Eu, não.

GIRO — Então foi a Dilma.

DILMA — Eu não quebrei nada.

CÉLIA — Que é isso aí?

(Aponta o abajur novo.)

GIRO — É um abajur novo. Que tive que comprar.

CÉLIA — Mas eu não tenho nada com isso.

DILMA — Nem eu.

LENINHA — E eu, menos ainda. Quando cheguei, a droga já estava toda quebrada. Só vi os cacos.

DILMA — Isso são coisas que acontecem. Vai ver que quebrou sozinho.

GIRO — Tá bem, Dilma. O abajur se suicidou. Se jogou do criado-mudo no chão. Tu quer que eu engula isso? Aqui, ói! Aqui, ói! Eu manjo as coisas. A Célia chegou de fogo e caiu em cima dele. Taí a história.

CÉLIA — Já te disse que não quebrei nada.

GIRO — Então só pode ser a Dilma.

DILMA — Tu tá cismado.

GIRO — É sempre assim. Quando aparece coisa errada, não é ninguém. Foi a mesma coisa com o escarro cheio de sangue que apareceu na pia.

DILMA — Isso foi tu que inventou.

GIRO — A tua tosse escrota também é invenção minha?

DILMA — Essa tosse é do cigarro.

GIRO — Que seja. Não vou me meter na tua vida. Mas tu que não se cuide, pra ver. Fica com tanto luxo com teu filho e acaba levando tuberculose pra ele.

DILMA — Vira essa boca pra lá!

GIRO — Não estou agourando. Só estou te abrindo os olhos. Se não quer me escutar, não é da minha conta. O que é da minha conta, eu sei cuidar. O abajur, eu vou descontar. Um de ti, outro da Célia.

CÉLIA — Vai descontar dois abajur?

GIRO — Claro. Não sei quem foi. Desconto um de cada.

DILMA — Tu não pode fazer isso. Eu não quebrei nada. Tu vai descontar uma grana que eu preciso. Tenho o meu filho pra sustentar. Não posso ficar gastando dinheiro à toa. Eu não quebrei essa droga. Não vou pagar pelo que não fiz.

GIRO — Então, quem foi?

DILMA — Só sei que eu não fui.

GIRO — Mas eu não sei se foi tu ou não.

DILMA — Tu não pode me descontar.

GIRO — Posso, sim.

DILMA — Isso é sacanagem.

GIRO — Diz quem foi.

DILMA — Mas eu não sei. Vou dizer o quê?

GIRO — Então desconto.

DILMA — Não pode! Não pode! Não pode, Giro!

GIRO — Posso. Posso, sim. Não posso, Osvaldo?

OSVALDO — Pode e deve descontar.

GIRO — Então posso. *(Pausa.)* A não ser que tu entregue o serviço.

DILMA — Não sou cagueta.

GIRO — Crepe teu.

CÉLIA — Porco nojento! Tu há de morrer com câncer na bunda, filho da puta nojento!

GIRO — Osvaldo, essa vaca tá folgando comigo.

OSVALDO — Se acanha, piranha. Se acanha, ou te dou um cacete.

GIRO — Calma, Osvaldo! Calma! Calma! Por favor, Osvaldo!

(Pausa longa.)

GIRO — Eu não quero ser duro. Mas que posso fazer? Ninguém quer entrar na minha. Eu sou legal. Falei pra Leninha que gosto das duas. Badalei. Pergunta pra Leninha se estou mentindo. Fiz o cartaz das duas. Eu não sou de encaveirar ninguém. Mas eu gosto de tudo no lugar. Se me aprontou, me bronqueio. Claro que o abajur quebrado me doeu. Mas eu me aguento. Me pagam e pronto. Não preciso nem saber quem foi. Desconto das duas. Dois abajures. Assim até ganho um pouquinho. Pra pagar a aporrinhação.

DILMA — Que fominha que tu é! Vai me descontar e eu não tenho nada a ver com isso.

GIRO — Então me diz quem foi.

DILMA — Pelo amor de Deus! Eu não sei!

GIRO — Tu sabe, Célia?

CÉLIA — Não. Mas se soubesse, não dedava. Se tem uma coisa que me dá nojo é cagueta. Tenho mais nojo de cagueta do que de veado.

GIRO — Tá vendo? Não foi ninguém. Desconto das duas.

DILMA — Vai tirar o pão do meu filho.

GIRO — Olha, Dilma, pra tu não dizer que sou sacanageiro, tu descobre quem foi e me diz. Daí, pronto, não desconto mais. Eu sei que quem fez isso fez sem querer. Mas eu tenho que saber. Se não, aparece mais coisa quebrada. O Osvaldo queria saber na marra. Não era, Osvaldo?

OSVALDO — Eu queria apertar as piranhas. Daí elas se abriam.

GIRO — Eu não deixei o Osvaldo fazer nenhuma maldade. Mas

esqueçam. Temos um dia inteiro pra viração. Vamos, Osvaldo. As meninas querem se arrumar.

LENINHA — E o lençol?

GIRO — Que tem?

LENINHA — Tu não vai trocar?

GIRO — Esse tá limpo.

LENINHA — Não vem com onda. Tu prometeu que trocava todo dia.

GIRO — Tu é muito cheia de luxo.

LENINHA — Gosto de limpeza.

GIRO — Frescura.

LENINHA — Não é tu que vai deitar aí.

GIRO — Mas o que é que tem esse lençol?

LENINHA — Quero um limpo. E tem mais uma coisa. Por que tu não me falou desse escarro com sangue que tu viu? Se tu me fala, não venho pra cá. Não quero ficar com gente podre no quarto.

GIRO — Ah, esquece isso. O importante é que tu fature. Se tu ganha bem, tu pode até morar em hotel. Se vira. É a tua saída.

LENINHA — Eu sei o que tenho que fazer. Mas e o lençol?

GIRO — Amanhã eu troco. Se tu se virar bem hoje.

LENINHA — Essa que é a tua?

GIRO — Preciso ver se tu vai me dar lucro. De repente tu não faz nem pra pagar a lavadeira. Vai pra rua e mostra quem tu é.

LENINHA — Hoje não vou me virar.

GIRO — Que te deu na cachola?

LENINHA — Não é na cachola. É na tabaca.

GIRO — Tá doente?

LENINHA — Tou de paquete.

GIRO — Eu troco o lençol. Osvaldo, apanha outro lençol. *(Osvaldo sai.)* Agora tu vai se virar, né?

LENINHA — Agora vou.

(Giro sai.)

CÉLIA — Filho da puta nojento!

DILMA — Tá vendo o que tu me arrumou?

CÉLIA — Se vai ficar chiando, é melhor ir lá e me entregar.

DILMA — Não sou cagueta.

CÉLIA — Então cala o bico.

DILMA — Tu não tinha nada que quebrar a porra do abajur.

CÉLIA — Conta pra ela, conta! Depois ela vai contar pra bichona.

LENINHA — Não sou de dar engessada.

CÉLIA — Não te conheço.

LENINHA — Nem eu a ti.

CÉLIA — De uma coisa tu pode ter certeza, não sou arreglada com a bicha.

LENINHA — E tu acha que eu sou?

CÉLIA — Não sei.

LENINHA — Então se fecha em copas. A única coisa que eu quero saber é quem está escarrando sangue, quem é a podre.

CÉLIA — Ela aí.

DILMA — Vá à merda! Se tem alguém podre aqui, é tu mesmo. Vê a cor dela. Olhe como ela é amarela.

CÉLIA — Quem tosse é tu.

LENINHA — Bom, eu não quero ver ninguém na minha cama. Vou comprar álcool e creolina. Cada vez que tiver que usar uma porra daqui, desinfeto tudo. Sei lá quem está bichada. Vai ver que é as duas.

CÉLIA — Tu é folgada paca.

DILMA — Bem faz ela de se cuidar.

LENINHA — Claro. As duas já devem ter mil doenças.

CÉLIA — Trabalhar aqui não vai dar pé.

LENINHA — Eu só quero sossego. Faço uns michês, ganho tutu do rango e só. Nem me afobo. Já vi que posso chuveirar a bicha em qualquer jogada. Ela só tem bafo de boca. É trouxa. E só podia ser. Veado velho não bate bem, não sabe de nada.

DILMA — Tu sabe tudo.

LENINHA — Alguma coisinha eu sei. O bastante pra tirar de letra os panacas.

CÉLIA — Que tu tá fazendo na zona?

LENINHA — Me defendendo.

CÉLIA — Se tu é sabida, tu devia estar na maré mansa.

LENINHA — E não tou? Entrei nessa porque quis. É mole. Uns dois michês é mais que um mês de trampo legal. E aqui não tem deschavo. Aguentar essa bicha é sopa. Duro é ser babá de filho dos outros pra ganhar uma merda. E o que é pior é que a gente trabalha, trabalha e todo mundo acha que a gente é puta. Então, a ordem é ser puta mesmo. Mas devagar. Sem perereco. Quás-quás-quás não dá camisa a ninguém.

DILMA — Tu nunca quis casar, ter filho?

LENINHA — Tenho nojo de homem. São uns bostas. Eu quero é nada. Não ter satisfação a dar a ninguém. Tá? É isso que quero.

DILMA — Chega um tempo que tu funde a cuca. A gente tem que ter um troço pra se agarrar. Eu sei. Se eu não tivesse meu filho, já tinha feito um monte de besteiras. Eu era desse jeito antes de ter ele. Acho que até já tinha me matado. Só aguento a viração pelo meu filho. Vale a pena a dureza que eu encaro por ele. Um dia, eu e ele mudamos a sorte. Daí, eu vou poder ser gente. Ter gente por mim.

LENINHA — Bela merda! Tudo é grupo. As coisas que tu devia fazer tu não faz. E engana que é por causa do teu filho. Eu não entro. Tu não faz porque não é de fazer. Quem tem cu tem medo. E tu dá a desculpa do filho. Mas vai botar ele na merda.

CÉLIA — Gostei. É isso mesmo, Leninha. Essa trouxa é assim mesmo. Eu tou a fim de estarrar a bicha. Só que preciso de uma draga. Essa aí tem a grana e não entra na minha. Era só me emprestar. Eu comprava a arma e rendia a bicha. Apagava a desgraçada. Essa porra desse mocó ficava nosso. Ela não topa. Tu topa?

LENINHA — Neca! Meu negócio é outro. Não quero nada com nada. Não quero ser dona de mocó nenhum. E nem me fale nesses lances.

CÉLIA — Por quê? Tu é de entregar?

LENINHA — Não. Tenho nojo de cagueta. Só quero que cada um trate de si. A vida de ninguém me interessa.

DILMA — Tu vai se estourar.

LENINHA — Que nada!

DILMA — A gente tem que ser junta. Uma batota só.

CÉLIA — Mas pra apagar a bicha.

DILMA — Não. Pra juntar grana e comprar um mocó. Sem cafetina, sem dono, sem mumunha. A gente trabalhando pra gente.

CÉLIA — Nessa a gente vai levar a vida toda. É mais fácil não conseguir nada. Agora, a gente pode apagar a bicha e tomar isso pra nós.

DILMA — Porra, tu não tem jeito. Com tua cabreiragem, tu já me entrutou. Já vou ter que pagar o abajur. E tu não tá contente. Não quero saber de congesta. Tenho meu filho.

CÉLIA — E vai deixar a bicha te chutar?

DILMA — Que posso fazer?

CÉLIA — Vamos encarar o puto.

DILMA — Se essa encrenca adiantasse. Mas vai ser pior pra nós.

CÉLIA — Vai, sim. A bicha vai pular mais. Ela agora se tocou que é mole. Vai engrossar.

DILMA — Então é bom a gente maneirar.

LENINHA — No papo se banha a bicha. Não viu como eu fiz ela comprar abajur novo, trocar lençol e tudo? E só na leve. Se ela aperta a gente, diz que tá de paquete. As três. A bicha vê que não vai ter grana e se arregla. Aposto.

CÉLIA — Não é nada disso. É isso!

(Célia agarra um objeto qualquer e atira no chão.)

DILMA — Por que tu quebrou essa merda? Eu que vou ter que pagar. Já não chegava o abajur?

CÉLIA — Me cagueta.

DILMA — Filha da puta!

CÉLIA — Me entrega.

DILMA — Nojenta!

LENINHA — Que tu ganha com isso?

DILMA — Nada. Mas eu perco!

CÉLIA — Chegou a hora de dar uma decisão com a bicha. Ou entram na minha e a gente encara o veado e o brocha, ou as duas se arreglam com a bichona. Não tem mais deschavo. Não quero ninguém fazendo média.

LENINHA — Eu não tou nem com a bicha, nem contigo. Tou na minha.

CÉLIA — Não pode. Tu vai ver. Por bem ou por mal, tu tem que escolher.

DILMA — Eu só tou com o meu filho. O resto não conta. Eu quero que tudo se dane.

CÉLIA — Não pode. Se tu tá com seu filho, tu tá com a bicha. E teu filho vai ser bicha. Veado. Bunda-mole. Filho de cadela é bunda-mole. Quando ele crescer, vai querer saber só dele. Vai te dar um peido. Vai cagar pra ti. É isso que tu vai arranjar. Teu filho vai ser podre que nem tu.

DILMA — Porca! Nojenta! Nojenta!

LENINHA — Vou de pinote. A bicha vai ficar uma vara. Quero estar na rua, quando ele se tocar.

(Leninha sai.)

DILMA — Por que tu fez isso, sua filha da puta? Por quê?

(Dilma agarra Célia e a esbofeteia. Célia nem reage.)

DILMA — Tu vai desgraçar minha criança. É isso que tu vai fazer. Mas eu te mato. Porca! Nojenta! Eu tou criando meu filho com todo sacrifício, não é pra tu me aprontar. Sua nojenta!

(Dilma bate mais em Célia, depois a atira longe.)

CÉLIA — Tu tá com a bicha! Tu é podre! Teu filho vai ser podre que nem tu. Bicha, que nem o Giro. Tu tá com a bicha!

DILMA — Tu é louca! Louca! Louca!

(Dilma sai e bate a porta. Depois de um tempo, Célia sai. A cena fica vazia por um tempo. Depois, entra Osvaldo com o lençol limpo. Vê os cacos no chão. Pensa um pouco, em seguida quebra uma porção de coisas. Ri muito do que fez e sai. Luz apaga.)

Quinto Quadro

(A luz acende. As mulheres estão de mãos e pés amarrados, sentadas em cadeiras. Giro anda nervosamente pelo quarto. Osvaldo está parado, sem expressão alguma no rosto.)

OSVALDO — Aí, eu entrei nessa merda e vi tudo quebrado. Tava escrachado que uma dessas vacas quebrou de sacanagem. Só pra te azedar a vida.

GIRO — Tu já me contou essa merda umas mil vezes. Que merda! Que merda! Que merda! Por que elas fazem isso? Me diz, Osvaldo. Eu mereço essa desgraça? Eu sou legal. Só queria ajudar essas putas. Vê no que deu? Quebraram tudo. Pra que isso?

OSVALDO — Pra te encher o saco.

GIRO — Meu Deus, será que foi só por isso? Mas eu sou positivo com elas.

OSVALDO — Inveja.

GIRO — Inveja, né Osvaldo? Inveja. É isso mesmo. Elas têm inveja de mim. Sou bicha, mas tenho esse mocó. Ele é meu. Sou o dono. Eu que mando. Mando. Mando. E elas têm inveja. Uma puta inveja. Sou veado, mas sempre tive o que essas cadelas nunca tiveram. Força de vontade. Juntei dinheiro. Juntei. Juntei. E me arrumei na puta da vida. Não foi mole. Deus sabe que não. Tive que aguentar muito tesão. Isso tive mesmo. Se fosse outro, dava todo dinheiro por um gosto. Eu, não. Não sou trouxa. Me aguentei. Juntei dinheiro e montei esse mocó. É crime isso? Se é, que Deus me castigue. Só fiz o bem. Chá pra uma, lençol limpo pra outra, esqueci as broncas da cadela e tudo. Mas a porra da inveja é fogo. Se elas pudessem, me matavam. Me matavam, Osvaldo. Me matavam. Me matavam. Tu viu o que elas fizeram com as minhas coisas. Tu viu. Quebraram tudo. E pra quê?

OSVALDO — Pra te aporrinhar.

(Pausa.)

GIRO — Pra me aporrinhar. Eu, que fui sempre legal. Mas essas vacas me pagam. Eu mato a filha da puta que fez isso. Eu mato. Que merda! Que merda! Que merda! Elas não quiseram levar papo. Eu quis. Eu só quis isso. Vinha toda a vez que podia aqui. Falava, falava. Não adiantou nada. Quebraram o abajur. Perdoei. Só falei em cobrar. Que merda! Que merda! Que merda! Não adiantou porra nenhuma. Quebraram tudo. Dei amizade. Recebi coices. Agora estou cheio. E mato. Mato. Quem fez isso?

OSVALDO — Foram as três.

GIRO — As três?

OSVALDO — Era muita coisa quebrada. Uma só não ia quebrar tanta coisa.

GIRO — As três.

OSVALDO — Só pode ser.

GIRO — Quero saber quem teve a ideia.

OSVALDO — Pra quê, porra?

GIRO — Essa é que vai se estrepar. É essa que eu vou matar. Alguém tem que me contar. Tu, Dilma, me diz. Quem foi que armou esse salseiro? *(Pausa.)* Diz, Dilminha. Sou teu amigo. Tu lembra daquela noite que tu estava gemendo e se torcendo de cólica? Eu te fiz um chá. Levantei da cama com aquele puta frio. Só pra te atender, lembra? Não estou alegando porra nenhuma. Não sou nenhum filho da puta. Fiz o que fiz de boa vontade. De coração. Sou teu amigo. Me diz, Dilma, quem fez essa merda toda? *(Pausa.)* Dilma, Dilminha, me escuta, querida. Eu tenho quase certeza que não foi tu. Deve ter sido uma dessas duas. Só pode ser. Ou a Célia, ou a Leninha. Acho que foi a Célia. Ela que é tinhosa. Ela que tem raiva de mim. Ela que teve peito de me encarar um dia. Foi ela. Eu devia ter mandado o Osvaldo trambicar essa cadela. Mas sou bom, perdoei. O resultado está aí. A vaca me aprontou. Botou tu e a Leninha contra mim. Quebraram minhas coisas. Tu tem um filho pra criar. Porra. Tu não ia entrar em gelada. Tu não ia. Tu tem coisas paca pra perder. Se tu pega uma invertida, o que ia ser do teu filho? Me conta. Quem ia cuidar dele? O asilo? E os gorgotas dos asilos? Hein? Os fanchonas dos asilos? Os guardas dos asilos são todos uns papacus. Eu fiquei bicha no asilo.

Não foi o guarda. Foi um garoto grande que me pegou. Gamei. Vai ser assim com teu filho. Ele vai ser veado. Veado como eu. Logo como eu, que tu tem raiva, nojo e tudo. Que nem eu, que quero ser teu amigo. Teu filho vai ser veado. Veado. Porque não vai ter quem cuide dele. O Osvaldo vai te acabar aqui.

DILMA — Pelo amor de Deus, acredite, Giro! Eu não tenho nada com essa porra. Não quebrei nada. Só quero me virar. Ganhar dinheiro pra criar meu filho. Não sei de nada. Não quebrei. Não sei quem foi.

GIRO — Sabe. Sabe. Sabe.

DILMA — Não sei, Giro. Só sei do meu filho. Meu negócio é com ele. Eu não quero me sujar. Eu sou puta, mas sou limpa. Nunca ia poder encarar meu filho, se entrutasse alguém. Eu me guardo limpa pra um dia eu e ele desforrarmos dessa porra. Mas eu e ele. Tem que ser. Sozinho ninguém é ninguém. E de que ia me servir quebrar tuas bugigangas? Em que essa merda ia adiantar o lado do meu filho? Não fui eu! Juro por essa luz que me ilumina que não fui eu! Pela saúde do meu filho! Quero que ele seja o veado mais escroto do mundo, se eu estou mentindo.

(Pausa.)

GIRO — Eu sei que não foi tu.

DILMA — Obrigado, Giro. Obrigado.

GIRO — Tu tem esse teu filho. Mesmo com toda raiva que tu tem de mim, tu não ia me sacanear. Tu é bunda-mole.

DILMA — Eu não tenho raiva de ti.

GIRO — Tem. Tanto tem, que não quer me entregar a Célia.

DILMA — Eu não sei se foi ela.

GIRO — Eu sei.

DILMA — Então fala com ela, porra!

GIRO — Acontece que eu quero escutar da tua boca.

DILMA — Eu não sei de nada.

GIRO — Que pena que tu é mais amiga dela do que de mim. Que merda! Que merda! Que merda! *(Pausa.)* Dilma, eu sempre fui legal contigo. A Célia só te sacaneia. Tu tá nessa fria por causa dela. Teu filho vai se danar por causa dela.

(Dilma chora.)

GIRO — Teu filho vai ser veado por causa dela.

DILMA — *(Em prantos.)* Eu não sei! Não sei! Se tu diz que sabe, por que tu quer saber de mim?

GIRO — Quero confirmar.

DILMA — Não sei!

GIRO — Osvaldo, essa vaca tem que saber.

(Osvaldo chega perto de Dilma. Como quem não quer nada, encosta o cigarro aceso nela. Dilma grita de dor.)

DILMA — Ai, ai, filho da puta! Nojento! Veado! Filho da puta! Ai, pelo amor de Deus!

GIRO — Espera, Osvaldo. *(Pausa.)* Quem foi, Dilminha?

DILMA — Não sei! Juro que não sei!

GIRO — Osvaldo, é contigo mesmo.

DILMA — *(Aterrorizada.)* Não! Não! Não!

OSVALDO — Tá apavorada, putana? *(Ri.)*

DILMA — Não sei! Não sei! Não sei!

(Osvaldo pega um alicate e vai apertando o seio de Dilma.)

DILMA — Ai, meu filho! Meu filho! Eu sou limpa! Ai, ai! Limpa... Limpa... ai... ai... *(Desmaia.)*

OSVALDO — Ela desabou. Não aguentou o repuxo. *(Ri.)*

GIRO — É tinhosa. Que merda! Que merda! Que merda! Tudo por causa do filho. Uma bosta de um filho. Uma ideia de jerico. Puta com filho. Limpa? Ela é limpa. Puta limpa. Ela é puta, Osvaldo. Igual às outras. Acho que a Célia ameaçou de matar o filho dela, se ela caguetasse. Só pode ser isso. Mas a Leninha não tem filho. Não tem porra nenhuma.

LENINHA — Eu não sei de nada. Juro que não sei. Porra, tu sabe que eu não sei. Tu sabe. Eu, quando cheguei aqui, já encontrei a droga desse abajur quebrado. Tava aí quebrado. Eu ainda lembro. E tu te lembra. Tu não tinha visto. Eu que te mostrei os cacos no chão. Todos quebrados. Eu que te falei pra comprar outro. Fui eu, Giro. Eu. Eu. Eu. Não quebrei. Não sei quem foi. Juro que não sei. Eu até te acho legal. Tu me arranjou as coisas direito. Me comprou o abajur. Trocou lençol. Tu é legal, Giro. Eu não te chavequei. Não fui eu. Não fui eu. Eu não sei quem foi. Tu sabe que eu não sei. Giro, não faz onda comigo. Eu não sou cagueta. Também sou limpa. Mesmo que soubesse, eu não dava o serviço. Não sou cagueta. Sou limpa. Não sei de nada. Não sei! Não sei!

GIRO — Ela sabe, Osvaldo.

LENINHA — Juro! Juro que não sei!

GIRO — Não vai apagar ela antes dela contar, Osvaldo.

OSVALDO — Mete ela no cambau. Ela não aguenta.

LENINHA — Puta sacanagem, Giro. Tu vai deixar ele fazer esse papel comigo, Giro? Giro, sou tua chapa!

GIRO — Quem foi?

LENINHA — Não sei! Já disse que não sei!

(Osvaldo começa a montar o cambau. Pau de arara: duas cadeiras com um pau no meio.)

LENINHA — Não, Giro! Livra minha cara. Meu negócio é tirar uma onda. Nada mais. Só gosto de ler umas revistas. Não entro em batota. Tu sabe. Porra, Giro! Giro! Tu sabe que não fui eu. Tu sabe.

GIRO — Cala essa matraca. *(Pausa.)* Quem foi?

LENINHA — Não sei! Não sei! Não sei!

GIRO — Mete ela no pau de arara!

OSVALDO — Pra já.

LENINHA — Não, Giro! Não deixa! Não deixa! Eu não sei! Eu não sei! Giro, eu não sou cagueta! Nunca entreguei ninguém. Giro, não fui eu! Não fui eu!

(Leninha se debate, mas Osvaldo a arrasta.)

LENINHA — *(Chorando, desesperada.)* Não fui eu, Giro! Pelo amor de Deus. Não fui eu! Não fui. Ai, ai, ai, eu não sei de nada!

(Já quase no cambau, Leninha berra.)

LENINHA — Eu entrego! Eu entrego!

(Giro segura o braço de Osvaldo. Os dois ficam esperando.)

LENINHA — Não sou cagueta, não sou. Tu sabe quem foi, Giro. Pra que tu quer me sujar? Pra quê?

GIRO — Se racha! *(Pausa.)* Se tu quer se livrar, se abre. *(Pausa.)* Prefere o cambau?

LENINHA — Não!

GIRO — Então, entrega!

(Pausa.)

LENINHA — Foi a Célia!

(Osvaldo larga Leninha, que cai no chão.)

GIRO — Eu sabia, eu sabia, eu sabia! Foi essa filha da puta! Foi ela! Nojenta desgraçada! Vaca miserável! Tu vai me pagar. Tu vai me pagar. Sua vaca!

CÉLIA — Cagueta nojenta! Tu tá contente? Cagueta! Puxa-saco sem-vergonha! Entregadora! Que tu pensa que vai ganhar com isso? Pensa que livrou tua cara? Tu vai continuar na merda. Vai continuar esparro. Vai se danar. Filha da puta! Nojenta!

GIRO — Cala essa boca! Tu pensa que eu não sabia que era tu a desgraçada que me sacaneava? Trouxa! Eu estava na campana. Só quis que ela te dedasse pra todas ficarem sabendo que não podem se fiar umas nas outras. São todas vacas.

CÉLIA — Agora tou me tocando.

GIRO — Só que agora é tarde.

CÉLIA — Olha, Giro, eu te pago essas coisas que quebrei. Nem fui eu que quebrei tudo. Tu sabe. Tu mesmo quebrou ou mandou quebrar a maioria das coisas. Tu sabe disso. Eu quebrei umas bugigangas. Mas não tem nada. Pago tudo. Não quero mais saber desses negócios. Não adianta mesmo. Tu livra minha cara e eu te pago. Pago em dobro.

GIRO — Osvaldo, ela vai acabar me dobrando.

CÉLIA — Te pago três vezes. Quer? Tu fica com toda minha grana. Eu não te apronto mais nenhuma sacanagem.

(Osvaldo vai armando o revólver.)

CÉLIA — Te pago quatro vezes. Trabalho pra ti. Vou mudar. Vou me virar às baldas. Eu não sou podre. O escarro com sangue era da Dilma. Ela que tá bichada. Trumbicada. Ela fica aí falando do filho, das coisas que vêm, porque tá podre, não tem peito de encarar. Tá podre. Se não tivesse, ela entrava na minha. Mas eu... eu pago... Juro que pago... Tu pode crer... Osvaldo, segura as pontas! Deixa eu falar... Giro, eu vou te pagar...

(Osvaldo atira em Célia até acabar a carga do revólver. Pausa longa.)

GIRO — Dilma, Leninha, não fiquem assim, queridas. Não seja mau, Osvaldo, solte as meninas. Eu quero ser amigo delas. Sempre quis. Ânimo, gente. Que merda! Que merda! Que merda! Vai, Osvaldo, vai buscar coisas limpas, limpa toda essa droga. *(Osvaldo vai sair.)* Espera, Osvaldo. Não esquece de tirar a cama da Leninha. Ela vai ficar no lugar da Célia. Agora não precisa mais da caminha. Uma dá. Vamos, Osvaldo. Se mexe. *(Osvaldo sai.)* Leninha, Dilma, reage, gente. Esqueçam tudo. Vamos se virar. A Célia mereceu. Só aprontava. Vão pra rua. Vão se virar. Na volta, ninguém mais se lembrará dela. Juro. Quando chegarem aqui com fregueses, o Osvaldo já limpou tudo. Vão, meninas. A putaria é assim mesmo. Vamos. Eu vou apressar o Osvaldo. A putaria é assim mesmo. É assim mesmo. É assim mesmo! Que merda! Que merda! Que merda!

(Giro sai. Pausa muito longa. Dilma, aos poucos, fica em pé. Se ajeita como pode. Olha pra Leninha durante um longo tempo.)

DILMA — Eu... tenho um filho. Me agarro nisso. No meu filho. Eu preciso. Não eu. Eu por ele. Talvez eu nem veja o tempo bom. Mas por ele. Vale a pena. Eu vou. Vamos.

(Pausa.)

LENINHA — Onde vamos?

DILMA — Onde vamos?

LENINHA — Onde vamos?

(Pausa longa.)

LENINHA — *(Orando.)*

Meu Deus, onde vamos?
Onde vamos?
Onde vamos?
O gado pasta dormindo.
Para o poeta, o castigo.
Para o santo, a forca.
Para o profeta, a cruz.
Para o condutor, bala.
Onde vamos?
Onde vamos?
Onde vamos?
O jato encurta a distância.
A solidão aumenta o tempo.
Cedo ou tarde, a morte está à espreita.
Onde vamos?
Onde vamos?
Onde vamos?
O herói ganha medalhas e agonia.
Nos restos dos festins, os cães coçam as pulgas.
Choram as viúvas.
A lua está mais perto.
A canalha contente.
Onde vamos?
Onde vamos?
Onde vamos?
Os faróis que nos guiam são pálidos.
Onde vamos?
Onde vamos?
Onde vamos?

(Pausa longa. Aos poucos, a luz vai apagando.)

QUERÔ

(Uma reportagem maldita)

(Adaptação feita pelo próprio autor de seu romance do mesmo título)

Personagens

QUERÔ
LEDA
JU
VIOLETA
REPÓRTER
SARARÁ
NELSÃO
TAINHA
CANTORA
HOMENS
MULHERES

(Um cabaré de baixa categoria, "O leite da mulher amada". Ao abrir o pano, cantora canta, em ritmo típico de zona, "A pomba roxa ardente".)

CANTORA

Ei, chegue mais perto
bem mais perto
mais perto, mais perto
Eu tenho o coração aberto
Tenho entre as pernas uma fornalha
Eu sou a pomba roxa ardente
a grande mãe indecente
a irmã ausente
a santa bandalha
sempre calada, no cio
sempre alerta de plantão
para falar de amor
com quem de amor
não tem recordação
Venha como tantos vieram
feridos de amor me procuraram
querendo embrulhar a solidão
nos pálidos lençóis do meretrício
Amar é meu ofício
Ou será meu vício
Amo, amo com sofreguidão
Venha ser mais um
um entre tantos
a se sentir o único
e eu não esquecerei nenhum
e não há quem me esqueça
Martelarei sua cabeça

para sempre, eternamente
com a pomba roxa ardente
que é festa, lar, esposa adorada
Venha, venha como todos
venha se divertir
venha se nutrir
no leite da mulher amada
Venha, venha como todos
Eu te espero
Eu te quero
Entre as pernas tenho uma fornalha
Eu sou a pomba roxa ardente
a grande mãe indecente
a irmã ausente
a santa bandalha

(Os fregueses do cabaré dão pouca atenção para a cantora. Conversam entre si ou com as mulheres. Nelsão e Sarará, dois policiais, estão misturados com os fregueses, bebendo à vontade. De repente, entra o Querô. Está visivelmente transtornado. Com o olhar, percorre o ambiente e por fim se fixa no Nelsão e no Sarará. Depois de um tempo, Querô grita nervoso.)

QUERÔ — Oi, ô da polícia, como é que é?

(A cantora para de cantar e todos se voltam para o Querô. O Nelsão se levanta tenso e ameaça avançar em direção do Querô.)

NELSÃO — É o filho da puta do Querô.

(Sarará contém o Nelsão.)

SARARÁ — *(Afetado.)* É mesmo. Nosso chapinha Querô.

NELSÃO — Está folgado. Dando bandeira.

SARARÁ — É. O garoto está meio aparecido. Mas não tem nada, não. Com o tempo ele aprende a ser mais maneiro. Ele é pivete ainda. Mas acaba aprendendo. Tenho quase certeza que acaba. Chega mais, Querô. Eu e o Nelsão estamos aqui mesmo te esperando. Fazia tempo que tu não se apresentava.

QUERÔ — *(Sem sair do lugar.)* Agora tou aqui.

SARARÁ — Tá. Tou te vendo.

QUERÔ — E vim a fim de acertar nossas contas.

(Pausa longa.)

SARARÁ — *(Rindo.)* Assim é que é. Legal. Não te falei, Nelsão, que o Querô não ia deixar a gente em falta? Não falei? Eu sabia. Tinha quase certeza. Falei pro Nelsão: Ele demora, atrasa, mas acaba vindo pro apontamento. Compareceu. Pivete bom. Não tem bronca. Nenhuma. Querô, tu é gente fina. *(Ri.)* Olha só a cara de assustado dele, Nelsão. *(Ri.)* Chega mais, Querô. Relaxa. Acho que ele tá com medo de ti, Nelsão. *(Ri.)* Vem pra cá, pivete, tá tudo bem. O Nelsão só é bravo pra quem falha com a gente. Tu atrasou, mas veio. Dá o nosso e pode ficar aqui como se estivesse na tua casa.

(Pausa longa.)

NELSÃO — Como é que é, pivete? Vai ficar aí plantado?

QUERÔ — Não, rato nojento. Vou dar o teu. O que tu merece. A tua parte tá aqui. *(Puxa a arma e atira no Nelsão.)* Toma, filho da puta! Toma!

(Há um corre-corre entre os fregueses. Nelsão, mesmo baleado, saca a arma. Querô avança atirando. Nelsão cai. Sarará, abaixado atrás de uma mesa, atira no Querô. Acerta o ombro e a perna de Querô. Esse revida atirando no Sarará. Atingido no braço, Sarará se joga no chão. Há muita gritaria, alvoroço.)

QUERÔ — Ninguém chega perto de mim. Ninguém encosta, que eu grampeio. Já fiz o serviço. Já ganhei quem eu queria. Mas ninguém chega em mim, que leva teco. Vou de pinote.

(Querô sai. Cantora começa a cantar nervosa.)

CANTORA — Tenho entre as pernas uma fornalha
eu sou a pomba roxa ardente
a grande mãe indecente
a irmã ausente
a santa bandalha

(Luz apaga no cabaré e acende no Repórter, que está sentado num canto do palco.)

REPÓRTER — *(Dirigindo-se ao público, em tom de narrativa.)* São milhares de menores abandonados que perambulam pelas ruas da cidade onde moro. Diariamente, centenas deles praticam crimes contra o patrimônio e contra a segurança dos cidadãos contribuintes. Diariamente, esses cidadãos contribuintes exigem soluções para o problema dos menores abandonados, sem contudo quererem abrir mão dos seus privilégios, dos seus tesouros, dos seus confortos. Por isso, eu preferi ignorar o crime do cabaré Leite da mulher amada. Sabia que lá um menor de idade matara um policial e ferira outro. E era o bastante para eu não me interessar pelo assunto. Porém (e sempre tem um porém), o chefe de reportagem do jornal onde eu trabalho me escalou para fazer a cobertura do caso. Foi então que, por dever do ofício, eu comecei a escrever essa reportagem maldita.

(Luz acende num quarto imundo e mal iluminado. Querô está ferido, deitado numa cama, mas com o revólver na mão. A seu lado está um gravador. O Repórter se aproxima dele.)

QUERÔ — Pra que essa merda, ô do gibi?

REPÓRTER — Pra ficar bem gravado tudo o que você disser. Pra não se perder nada.

QUERÔ — Pra que isso agora? Pra quê? Tu vai pôr tudo no gibi? Tudo o que eu contar? Minha vida? Essa merda toda?

REPÓRTER — Se puder pôr tudo o que você falar, eu ponho.

QUERÔ — Não pode, né?

REPÓRTER — Não. Acho que não.

(Pausa.)

QUERÔ — Tou sabendo. É um puta de um jogo sujo. Um puta de um jogo porco, nojento, sujo. Uma merda. Pra que tu veio aqui, ô do gibi? Sabe, tudo isso é frescura. Só tou falando contigo porque foi a Ju que te trouxe. Mas pra que tu quer saber dessa merda toda da puta da minha vida? Eu sei como é. Na bosta do teu jornal, eu tou fazendo e acontecendo. Sei como é. Querô, o Perigosão. Matador de tira. Fudido. Tu e os outros filhos da puta como tu preparam o presunto pros ratos fritarem a gente. Olha, do gibi, eu quero que se foda. Não vou mais a lugar nenhum com essa porra dessa perna. Ela já não está mais doendo. Já não sinto essa porra dessa perna. Aqui no ombro é que a dor é de lascar. Puta que pariu! Dói paca. Já queimei fumo à pamparra, do gibi. Mas não adianta. A dor é tanta, que corta a onda. Eu tou braseado. Só sinto sede. Meus olhos estão ardendo. Tou ardido. Todo ardido. Se os tiras não vierem logo, eu não vou estar aqui quando eles pintarem. Eu estou me acabando. Loguinho vou falar com Deus. Ou com o Diabo. Essas coisas existem, do gibi? Quero que se fodam. Eu estou fudido. Como sempre.

(O Repórter se levanta, vai até o Querô e coloca um pano molhado na testa dele.)

QUERÔ — *(Bravo.)* Para com essa merda! Essa porra molhada

só me dá frio. Para com isso! Eu já morri, do gibi. Não adianta mais nada. Minha perna tá podre. Eu sinto o fedor. Tu não sente? Esse fedor me enjoa o estômago. Minha garganta tá seca. Ai, meu Deus do céu, quem pode alguma coisa por mim?

REPÓRTER — Olha, Querô, eu posso tentar falar com os tiras.

QUERÔ — Vai te fuder! Vai falar com a puta que te pariu. Tás pensando que eu sou algum bunda-mole? Olha aqui, do gibi, eu sei das coisas. Sei das coisas todas. Se eu saio daqui vivo, eu estou fudido. Só saio morto. Se saio vivo, os filhos da puta tiram meu retrato, me metem na cadeia, depois me pegam lá dentro e me barbarizam. Me fritam. E essa porra dessa perna, ô do gibi? Que é que tu acha que eles vão fazer com ela? Ela tá podre. Fedida de podre. Tu acha que eles vão gastar remédio com ela? No cu, pardal! Eles cortam a perna podre. É isso que eles fazem. Ai, que puta dor que eu sinto no ombro. Eu estou com a garganta ardendo. Água. Me dá água, do gibi. Água.

(Repórter dá água para o Querô.)

QUERÔ — Água não adianta. Nada adianta pra essa porra dessa sede. A minha garganta tá pegando fogo. Eu não tive escolha. Juro por essa luz que me ilumina. Não tinha jeito. Nenhum. Eu nunca fui nada. Fui sempre um bosta. Não sou nada. *(Começa a chorar.)* Um monte de merda. Eu tou chorando. Vê? Eu tou chorando como um filho da puta qualquer.

(Repórter acaricia a cabeça de Querô.)

REPÓRTER — Chora, Querô. Vai te fazer bem.

QUERÔ — Vai fazer bem pra puta que te pariu! Pra mim nada faz bem. Porra, não sei por que a Ju foi te trazer aqui.

REPÓRTER — Ela só quer te ajudar.

QUERÔ — Ajudar? Te trazendo aqui? Vai ver que tu é rato. Rato desbaratinado. *(Bravo.)* Olha aqui, filho da puta, se tu é rato, vou te apagar. *(Aponta o revólver para o Repórter.)* Tu vai ser o primeiro a ir pro beleléu. Juro por essa luz que me ilumina. Eu devia ter visto pelo papo. Qual o nome? Onde nasceu? Quem é o pai? Quem é a mãe? Que é que tu vai ganhar sabendo essas coisas, rato? Diz, tira. Te refresca saber essa bosta toda? Diz, tira! Diz!

REPÓRTER — Eu não sou tira, Querô. Sou Repórter. Repórter de um tempo mau, quando as pessoas como você são perseguidas, não têm chance nenhuma de escapar de uma vida miserável. Quero contar a sua história. Te ajudar.

QUERÔ — Tu acha que pode me ajudar?

REPÓRTER — Acho que não. Mas talvez... os que vêm depois... quem sabe?

QUERÔ — Qual é? E eu com isso?

REPÓRTER — É. Você não tem nada com isso.

(Pausa.)

QUERÔ — Tenho muita sede. Muita sede. Tou ardido. Meu ombro dói. Me dá água, do gibi. Me dá água.

(Repórter serve água para Querô.)

QUERÔ — Ai, meu Deus... Vou morrer, do gibi? Sei que vou... A Ju... Ela quer ajudar. Sei que quer. Olha, do gibi, tem muito filho da puta no mundo... mas pode crer... a Ju é gente fina. Ai, como me dói essa porra! A perna não dói. Tá podre...Vou morrer... Diz, do gibi... como tu achou a Ju?

REPÓRTER — A Madame Violeta falou dela.

QUERÔ — Aquela vaca perebenta!

REPÓRTER — Ela disse...

QUERÔ — Que é minha madrinha, me criou... Vaca nojenta! *(Pausa.)* E como tu soube da vaca filha da puta?

REPÓRTER — A cantora do cabaré me deu uma dica.

QUERÔ — Ela me sacava? Então os ratos logo estão aí... Sei que vêm... É só enterrarem o Nelsão e vêm na minha captura... É assim que vai ser...

(Repórter vem para sua posição inicial e se dirige ao público.)

REPÓRTER — De repente, me pareceu que o Querô se conscientizou de que não tinha mesmo escapatória. E também, com paciência, fui ganhando sua confiança. Sei lá. O certo é que, por livre vontade sem que eu tornasse a insistir, ele começou a contar sua vida. Ele estava sentindo muitas dores, febril, às vezes acho que delirava. Misturava todos os casos, sem ordem cronológica.

(Repórter volta para junto do Querô.)

QUERÔ — Eu vim na pior. O filho da puta do meu pai encheu de porra a filha da puta da minha mãe e se arrancou. Deixou a desgraçada no ora-veja. E se o corno largou a grana na mesa antes de sair, não teve estrilo. Não sei por que minha mãe não me soltou num purgante, ou por que não deu um nó nas trompas. Eu virava anjo. Estava na melhor. Quem me contou foi a Ju. Era colega da minha mãe no puteiro da Violeta. A Ju... a Ju é gente fina... Ela me contou tudo... tudo...

(Luz apaga no Querô e no Repórter e acende no puteiro da Violeta. O ambiente é feérico. Homens e mulheres dançam em ritmo alucinante. No fundo, sentada numa cadeira de balanço, vestida com roupas exóticas, está a Madame Violeta, riso-

nha e atenta a todos os movimentos. De repente, a Leda sente uma tontura e cai. A música para de estalo. Os homens e as mulheres se aproximam de Leda.)

LEDA — Já tou legal.

JU — Levanta, então.

PRIMEIRA MULHER — A Violeta já viu.

VIOLETA — *(Aproximando-se.)* Era só o que faltava. Que é que tu tem?

LEDA — Nada, nada. Já passou.

VIOLETA — Como nada? Caiu de podre? Aqui, ói! Tu tá é bêbada. Vagabunda! Tu bebeu de novo.

LEDA — Não bebi. Juro, Dona Violeta.

VIOLETA — Tu me conhece. Conhece a casa. Bebeu, mando embora. Bêbado aqui basta freguês.

LEDA — Juro que não bebi.

VIOLETA — Deixa eu cheirar tua boca. Anda. Deixa. *(Cheira.)* Não bebeu. Não tem cheiro. Sentiu tontura? Isso é enjoo. Tu tá grávida, Leda? Tu tá grávida, desgraçada? Responde, puta filha da puta! Tá grávida?

LEDA — Não, não.

VIOLETA — Tá, sim. Sei que tá. Tu não me engana. Por que não falou? Por que não foi logo tirar essa porra? Tu tá querendo ter filho. Eu sei. Mas isso é problema teu. Vai arranjar sarna pra se coçar e eu quero que tu se dane. Mas não vai ser aqui na minha casa que tu vai parir. Aqui, não. Criança em casa de puta não presta. Espanta a freguesia.

LEDA — Eu vou embora. Eu sei me cuidar.

VIOLETA — Só que, antes de ir, vai ter que pagar o que me deve. Não vai sair assim sem mais, nem menos. Te vendi roupa, aluguei o quarto, vendo a comida. Tu me deve e vai pagar. Nem tu, nem ninguém melhor do que tu vai me fazer de trouxa. Se tu dá pinote, mando uns caras atrás de ti. Com um chute na barriga, tu caga o bagulho na hora. Entendeu? Depois pode ir pros quintos dos infernos.

LEDA — Eu pago. Ainda dá pra trabalhar por uns tempos.

VIOLETA — Então trabalhe. Trabalhe. Trabalhe sem parar. Só quero o meu. Trabalhe.

(Explode música. Todas as mulheres dançam freneticamente. Leda dança cada vez com mais dificuldade. As mulheres tentam apoiá-la e dão conselhos.)

JU — É melhor tirar esse filho.

PRIMEIRA MULHER — É loucura ter filho.

SEGUNDA MULHER — Que tu vai fazer com ele?

TERCEIRA MULHER — Puta não pode se dar esse luxo.

QUARTA MULHER — Besteira, Leda. Sai dessa.

QUINTA MULHER — Conheço uma parteira legal.

(Música para de estalo.)

LEDA — Eu quero ter meu filho. Eu quero ter meu filho. Eu quero. Eu posso. Eu tenho direito. Eu quero ter meu filho.

VIOLETA — Mas o que é que vai ser teu filho? O que é que vai ser o filho da puta? Um santo, um gênio, um general? O que é que vai ser teu filho atirado nesse mundo louco de cada um pra si?

LEDA — *(Serenamente.)* Eu não sei o que será meu filho. Só sei que quero ter meu filho.

VIOLETA — Louca! Egoísta! Vamos, trabalhe. Trabalhe.

(Explode música. As mulheres dançam. Ouvem-se tiros fora de cena. A música para. As mulheres ficam imóveis. Querô entra no palco perseguido pelo Nelsão, pelo Sarará e por outros homens. Querô é cercado e agredido violentamente pelos homens, menos pelo Sarará, que tranquilamente assiste ao espancamento sacudindo um relógio de pulso que segura pela pulseira. Depois de Querô ter apanhado muito, Sarará dirige-se a ele.)

SARARÁ — Chega. Pode deixar. Agora é comigo e com o Nelsão. Ele vai conversar. Sei que vai. Tenho certeza que vai. Não vai, pivete bom? Claro que vai. Caiam fora.

(Saem os homens, menos Nelsão. Sarará se aproxima de Querô, que geme. Continua balançado o relógio, espera um tempo.)

SARARÁ — Pode se abrir. Eu já sei de tudo. O Tainha contou. Pra mim e pro Nelsão. *(Balançando o relógio na cara do Querô.)* Tu roubou o relógio do gringo e deu pro Tainha. Foi tu. O tal de Querô. Não foi?

QUERÔ — Eu, não.

SARARÁ — *(Apertando a barriga do Querô.)* Foi. Eu sei que foi. Tu afanou o gringo. Achei legal. Quando o Tainha me contou, não quis acreditar. O Nelsão está aqui pra não me deixar mentir. Falei: Mas o que é isso, Tainha? Tu acha que eu vou engolir esse papo? Vai enganar pra mim e pro Nelsão que um cagateco sozinho afanou o gringo? Aí, o Nelsão falou pra ele não mentir. E o Tainha jurou pela puta da mãe dele que foi tu. Tu, o pivete Querô. E não outro. Aí, eu disse pro Nelsão: Vamos conferir esse pivete de futuro. E te achamos. Agora fala. Foi tu, não foi?

QUERÔ — *(Ofegante.)* É chaveco desse Tainha que eu nem conheço. Não fui eu porra nenhuma. E se fosse, eu não ia dar relógio pra Tainha nenhum.

SARARÁ — *(Bravo.)* Fala direito, Querô. Quero conversar contigo direito. Não fica bancando o fixo. Nelsão, o pivete é um fixo. Leva jeito. Mas agora já me torrou o saco. Explica pra ele que eu sou o Sarará e que não adianta ele vir com mas-mas.

(Nelsão levanta o Querô do chão e lhe dá dois murros na barriga. O Querô cai. Nelsão chuta o Querô.)

SARARÁ — *(Mansamente, balançando o relógio.)* Foi tu, não foi, Querô?

QUERÔ — Não afanei nada. Juro.

SARARÁ — Mas o Tainha não ia mentir. *(Pausa.)* Preste bem atenção, Querô. O Tainha é escolado. Anda pelas quebradas do mundaréu há mais tempo que tu. Tem janela. Saca eu, saca o Nelsão. Eu não sou porra nenhuma. Não gosto de violência. Mas o Nelsão é foda. Foi lutador de boxe. Deu porrada, mas também levou muito soco na cabeça. Ficou meio devagar. Sonado mesmo. Quer conversar, não sai muito papo, aí ele fica nervoso. Começa a bater. *(Pausa.)* Tá entendendo? Eu sei que tá. Tenho quase certeza que tá. Querô é um garoto esperto. Mas, pra encurtar o assunto, o Nelsão é capaz de matar um jumento com um soco. Se toca só se ele te dá um croque na moringa. Pensou? O Tainha sabe disso. Ele não ia enganar pra mim e pro Nelsão que foi tu. Se não foi, a gente volta lá e ele toma um talo. O Tainha é um fixo. Como tu. Mas não comigo e com o Nelsão. Agora escuta: foi tu. Eu sei. Mas quero escutar da tua boca. Aí, barra limpa. Não tou querendo deixar o Nelsão te machucar, porque vou me interessar pelo teu futuro. Tás entendendo? Pode se abrir. O Tainha já te dedou.

(Pausa longa. Sarará balança o relógio na cara do Querô como se o estivesse hipnotizando. A luz começa a piscar, o Querô fica de pé e vai até o meio do palco, onde está o Tainha.)

QUERÔ — Tu me dedou, Tainha?

TAINHA — Que tu queria? Aquele filho da puta do Nelsão quase me mata.

QUERÔ — Mas tu me dedou?

TAINHA — E daí?

QUERÔ — Tu é um filho da puta. Um cagueta. Tu jurava que era fixo. Eu botei fé em ti.

TAINHA — Segura essa, pivete. Segura, que é do jogo. Pra ti vai ser mole. Tu é de menor. Entra e sai. Eu tou fudido se eles me ganham. Devo paca. Tem sujeira pra cacete. Se entro, sabe quando vou sair? Nunca. Sou de maior de idade, tenho que responder às broncas. Vai por mim. Guenta essa. Tu é fixo. Não abre. Fica fixo. Tu vai ganhar moral. Quando tu voltar, te dou situação.

QUERÔ — Tu me entregou. Tu é nojento.

TAINHA — *(Bravo.)* Olha aqui, pivete. Tinha que ser. Era eu ou tu. E se foda. Pra tu vai ser mole. Agora se entope. Se pretende me esculachar, eu te arrebento.

QUERÔ — Tem volta.

TAINHA — Quando quiser. Já ou agora?

QUERÔ — Nada como um dia atrás do outro.

TAINHA — Não esquenta, Querô. Não entruta ninguém. Inventa uma história e se garante.

(Pausa longa. Tainha se afasta, a luz pisca. Nelsão e Sarará se aproximam do Querô.)

SARARÁ — Foi tu ou não?

QUERÔ — Fui.

SARARÁ — Tá vendo, Nelsão? Querô não é fácil. Afanou o gringo. Sozinho?

QUERÔ — Eu não afanei gringo nenhum.

SARARÁ — Ai, ai, ai, ai... Tu falou que foi tu. Eu ouvi, o Nelsão também.

(Sarará e Nelsão se entreolham.)

SARARÁ — O gringo te viu, te deu o relógio e foi na polícia chiar só pra te sacanear? Foi assim?

QUERÔ — Ele deu tudo pra eu enrabar ele. O gringo é bichona. Bicha escrota. Deu o relógio e tudo que tinha.

SARARÁ — E aí deu o estrilo?

QUERÔ — Porque eu deixei ele em falta. Peguei os badulaques e caí fora. Pode crer. Eu não sou chegado a essa raça. Perobo me dá nojo. Só fingi que ia entrar na dele porque estava a perigo. Juro que foi assim.

(Pausa. Sarará e Nelsão ficam sérios. De repente Sarará ri e Nelsão o acompanha.)

SARARÁ — Foi assim mesmo. Sei que foi. Tenho quase certeza. Querô, pivete acordado. Sabe se mexer. Eu e o Nelsão suando a camisa pra ganhar um troquinho e tu aí faturando na manha. Papacu de bicha gringa. Sempre com a grana em cima. Só esse relógio vale uma nota grande. Legal. Agora escuta, Querô. Vou te recolher, que eu e o Nelsão temos que mostrar serviço. Tu chega lá pro delegado e mete cascata. O relógio e tal, vendi, não sei na mão de quem... Percebe? Se tiver pau, mantém a história. Besteira devolver esse relógio pro gringo bicha. Tu segura essa. Não vai ser difícil pra ti, que é fixo. Quando tu sair, eu e o Nelsão estamos aí pra te dar boa situação. A gente faz acordo, pode crer. Agora não se zangue, mas o Nelsão vai te dar um trato, pro teu bem. Pra tu chegar no xadrez com fama de fixo. Manda ver, Nelsão.

(Sarará ri e Nelsão bate duro no Querô. A música explode, as mulheres voltam a dançar. Sarará e Nelsão vão saindo. Querô se vira pra Leda.)

QUERÔ — Por quê, mãe? Por que tinha que me parir? Eu não consigo entender. Por que tu me pariu?

(Querô vai saindo. Leda chora. Música para.)

JU — É melhor tirar essa criança, Leda.

PRIMEIRA MULHER — É loucura puta ter filho.

SEGUNDA MULHER — Que vai ser do teu filho?

TERCEIRA MULHER — Nesse mundo só tem maldade. Besteira meter filho nele.

(Leda vem pra frente do palco e canta "Meu precioso bem".)

LEDA

Eu quero tanto, tanto
ter um precioso bem
que seja meu, meu
muito meu, meu
amor garantido
meu amor sentido
Mas não sinto ninguém
meu precioso bem
na cidade populosa

me faça venturosa
única na multidão
que se consome de solidão
Eu quero tanto, tanto
ter um precioso bem
que seja meu, meu
que ele seja alguém
que vista a camisa do meu time
que me compreenda e me redima
de no amor ter sido mal-amada
que seja meu bem
meu precioso bem
carne da minha carne, meu bem
sangue do meu sangue, meu bem
Vem, não tarda, vem
Eu quero tanto, tanto
um precioso bem
Meu amado filho, vem

(As mulheres estão paradas. Leda pega uma criança recém--nascida e a exibe para as mulheres. Leda carrega também uma sacola.)

PRIMEIRA MULHER — É lindo.

SEGUNDA MULHER — É um sonho.

TERCEIRA MULHER — Como eu queria ter um pra mim!

QUARTA MULHER — Vai bancar a louca como a Leda?

JU — Como vai chamar?

LEDA — Jerônimo.

JU — Xi... Jerônimo?

PRIMEIRA MULHER — Tem nome mais legal que esse.

LEDA — Jerônimo mesmo. Eu conheço uma parada de nome legal. Mas em todos eles sempre tem um desgraçado filho de corno pendurado. Vai ser Jerônimo. Vou batizar. A madrinha vai ser a Violeta.

PRIMEIRA MULHER — Jerônimo até que é legal.

JU — Mas a Violeta de madrinha?

LEDA — *(Abraçando a Ju.)* Tu é a segunda mãe dele, Ju. A Violeta é de araque. É só pra ela deixar ele ficar aqui uns tempos. Tou na pior. Depois me arrumo e dou pinote. Aí a gente batiza ele de novo. Não fica triste. Minha chapinha é tu. Sempre. De fé.

JU — *(Enxugando as lágrimas.)* Eu sei... É a vida.

LEDA — Ah, Ju... Pega ele. Vê, é fofinho.

(Ju pega a criança, entra a Violeta. Ao ver a Leda, Violeta se encrespa.)

VIOLETA — Apareceu? Que veio fazer aqui? Espero que tenha vindo me pagar.*(Vê a criança com a Ju.)* Que é isso? Não vai dizer que é teu?

LEDA — Claro que é meu.

VIOLETA — Bela merda tu arranjou.

LEDA — *(Furiosa.)* Escuta aqui, cadela empesteada. Há muito tempo que tou pra te dizer uns negócios. Tu é uma vaca nojenta. A cafetina mais escrota de todas as quebradas. Tu que é uma merda. Tu é machona, greluda, ensebada. Tu pensa que a gente não sabe que tu tem que pagar mulher pra roçar contigo, como qualquer otário?

VIOLETA — Cala essa boca, sua nojenta. E tira essa merda daqui. Antes paga o que me deve.

LEDA — Saio quando quiser, porca velha, nojenta. Tu prendeu minha mala, fiquei quieta. Me esculachou, fiquei quieta. Mas meu filho tu não vai esculachar. Agora tou à vontade, porca velha. Pari. Sou mulher. Sou mãe. Fala que meu filho é uma merda. Fala. Fala, e eu te arrebento no meio. Sua merda! Merda das merdas!

VIOLETA — *(Irônica.)* Tu pensa que eu vou me rebaixar entrando na tua? Tás enganada comigo, Leda. Vou te dar um jeito. Hoje mesmo falo com os homens. Eles vão te ganhar, bêbada escrota. Vai ser cana dura. E aí? Como fica? Tu lá dentro e teu filho entregue às traças. Vai ser merda mesmo. Ou tu pensa que ele vai contigo pro xadrez?

LEDA — Filha da puta!

VIOLETA — O melhor pra ti é botar essa merdinha na porta de um convento e voltar pra zona, que é teu lugar.

LEDA — Vou te aprontar uma treta.

VIOLETA — Vai mesmo?

LEDA — Tu vai ver.

VIOLETA — Será que vou?

(Leda abre a sacola, tira mamadeira e outras coisas de criança e pega uma garrafa.)

LEDA — É querosene.

(Leda destapa a garrafa e bebe. As mulheres berram. Ju se desespera. Leda bebe. Grita de dor. Leda larga a garrafa. Cai no chão contorcendo-se de dor. Todas ficam paradas. Leda rola de dor até morrer. Pausa longa. Ju, com a criança nos braços, volta-se para Violeta. As mulheres ameaçadoramente vão cercando a cafetina.)

VIOLETA — Eu não tive culpa.

JU — Tu é uma cadela sarnenta.

VIOLETA — Ela... bebeu o querosene... porque quis. Todas viram.

JU — Tu é um monstro escroto.

VIOLETA — Eu não forcei ela a nada. Juro. Eu só queria assustar ela. Eu até gostava dela.

JU — Tu matou ela, cadela.

VIOLETA — Eu, não. Não fui eu. Eu gostava da Leda. Ela era porra-louca, mas eu ia por ela. Ela tava bêbada. Eu só queria que ela parasse de fazer escândalo.

PRIMEIRA MULHER — Tu vai pagar por isso, Violeta.

SEGUNDA MULHER — Vai se danar.

TERCEIRA MULHER — Nós vamos te ralar, sua cafetina escrota.

QUARTA MULHER — Assassina nojenta!

TERCEIRA MULHER — Tem que pagar pelo teu crime.

(As mulheres vão cercando a Violeta. Ela, apavorada, vai se esquivando, aproxima-se da Ju e agarra a criança.)

VIOLETA — Deixa ele comigo. Eu crio ele. Eu crio ele como se fosse meu filho. Juro. Eu batizo ele. Eu vou criar ele como um filho. Juro por Deus. Quem daqui tem condição de ficar com o menino? Só eu. Eu crio ele como um filho.

(As mulheres se relaxam e se afastam, ficando uma ao lado da outra. Violeta então levanta a criança como se a mostrasse a Deus.)

VIOLETA — Segundo o que está escrito na lei do Senhor, eu consagro esse menino.

MULHERES — *(Em coro.)* Que assim seja. Que Deus seja louvado.

VIOLETA — Será chamado Jerônimo. E com seus braços trabalhará valorosamente. Será humilde de coração e temente a Deus todo-poderoso, que não lhe deixará faltar o pão de cada dia.

MULHERES — *(Em coro.)* Ilumine-o, Senhor, com vossa luz. Que seja lúcido em seus conflitos, justo em seus combates, generoso em seus dons. Que saiba sobretudo renunciar em favor de um mundo melhor que há de ser construído. Purifica-lhe o coração, Senhor, para que ele possa, livre e digno, oferecer amor no final dos tempos.

VIOLETA — Que assim seja.

(As mulheres vão saindo, de preferência cantando uma música sacra. Ju pega a criança da Violeta. Luz apaga nas mulheres e acende num senhor com ar severo. Violeta aproxima-se dele, senta-se à sua frente.)

VIOLETA — Ele é meu afilhado. Eu criei ele como se fosse meu filho. Meu próprio filho. Juro, meu senhor, que não medi sacrifício por ele. Peguei ele com dias de nascido. A mãe... Ah, a mãe... Uma louca. Bebeu querosene. Ela sabia do meu coração grande. Deixou ele lá em casa. Sabia que eu ia me compadecer e criar o menino como meu próprio filho. Foi o que fiz. Eduquei ele muito bem educado. À antiga. Dentro de todo respeito. Não foi fácil. Sou uma mulher sozinha. Mas ele, meu senhor, só me dá desgosto. Já estou velha... cansada... não tenho mais a mesma energia. Outro dia fui repreender ele, por andar em más companhias, e ele me agrediu. *(Chora.)* Eu, que o criei como filho e que quero ele como um filho. Mas não é do meu sangue... Se puxou pela mãe... ou pelo pai... Quem sabe? Só Deus sabe... Mas o que sei é que agora deu pra roubar. Quem sai aos seus não degenera... Cresceu um pouco... Não posso mais com ele. Vai para a rua, anda em más companhias, é um ladrão. Ah, meu filho, um ladrão... Doutor, ele está lá em casa. De dia fica lá... Dorme de dia... o dia inteiro. Se o senhor quiser... por favor... é pro bem dele... Eu já estou desacorçoada. Sei que no asilo, no reformatório, ele endireita... Eu não quero ver meu afilhadinho... *(Chora.)* Eu sofro do coração... A qualquer momento, eu... bem, doutor... Isso não interessa. Só não quero ver meu afilhado se tornar um bandido.

(Luz apaga na Violeta. E o próprio homem severo pode continuar de delegado. Querô está na frente dele, ladeado pelo Sarará e pelo Nelsão.)

DELEGADO — Nome do pai?

QUERÔ — Não tenho pai.

DELEGADO — Pai desconhecido. Nome da mãe?

QUERÔ — Leda Paixão.

DELEGADO — Seu nome.

QUERÔ — Jerônimo da Paixão.

DELEGADO — Tem apelido?

QUERÔ — Querô.

NELSÃO — Querô, o caralho! Teu apelido é Querosene. Ele é Querosene porque a mãe se empapuçou de querosene e morreu. *(Ri muito.)*

QUERÔ — Querosene é a puta que te pariu.

(Nelsão dá um tapa no Querô.)

SARARÁ — Tá vendo, doutor? Parece um cagateco, né? Mas é cobra criada. Foi ele mesmo que afanou o relógio e os outros badulaques do gringo. Já confessou tudo. Só não sabe o que fez do relógio e dos outros badulaques da vítima. O dinheiro, gastou. Não parece, mas este aí é um perigoso. Eu e o Nelsão levantamos a ficha dele. Fugiu do reformatório de menores e era da curriola de um tal de Tainha. Deve ter muito que contar.

DELEGADO — Então desce ele. Vê o que arrancam desse sacana.

SARARÁ — Só que tem um porém. Ele é menor.

DELEGADO — Então vai com jeito. Depois a gente entrega pro juiz.

(Luz apaga no delegado e acende no Repórter, que se dirige ao público.)

REPÓRTER — E o Querô foi espremido, empilhado, esmagado de corpo e alma num cubículo imundo, com outros meninos. Meninos todos espremidos, empilhados, esmagados de corpo e alma, alucinados pelos seus desesperos, cegados por muitas aflições. Muitos meninos, com seus desesperos e seus ódios, empilhados, espremidos, esmagados de corpo e alma no imundo cubículo do reformatório. E foi lá que o Querô cresceu.

(Luz apaga e acende na cama onde Querô está deitado. Repórter aproxima-se e vai trocar a fita do gravador.)

QUERÔ — Ô do gibi, por que a toda hora tu para essa merda?

REPÓRTER — Pra trocar de fita.

QUERÔ — Porra, falei paca.

REPÓRTER — Já está legal. Se quiser, pode continuar.

QUERÔ — Não quero merda nenhuma. Só queria que os ratos chegassem logo de uma vez. Era só o que eu queria. É só o que eu quero. Que eles cheguem logo. Se demoram, eu vou tar grogue... Não vai nem dar pra apertar o gatilho. Ai, meu Deus, como dói esse ombro. Nunca senti tanta dor na puta da vida. Acho que tem mais de duas tochas dentro de mim. Dói muito. Umas quatro tem. A perna tá legal. Mas no ombro a brasa tá ardida. Ai, meu Deus... Deus existe, do gibi? Tu acredita em fantasma? Eu sei lá. Eu já vi fantasma... Ontem à noite... aqui... veio... meus fantasmas todos. O Tainha... A primeira vez que eu vi... fantasma... Tu não acredita em porra nenhuma, né?

REPÓRTER — Pode falar à vontade, Querô. Eu estou ouvindo. Não se sabe nunca direito sobre essas coisas.

QUERÔ — Eu sei... Eu sempre... sempre, não, às vezes, eu via o fantasma da minha mãe. A primeira vez que ela me apareceu... foi no reformatório... Eu tava na surda... Eu devia ter fome, canseira, sono, mas não sentia nada disso. Sentia um puta enjoo na boca do estômago, uma fraqueza nas pernas, calorão na cabeça e uma puta sede. Como agora. Me dá água, do gibi. *(Bebe.)* Mas lá eu tava pior, do gibi. Juro que era pior. Meu sangue estava frio. E eu tinha um puta medo. Medo de rato, de barata, das muquiranas. Medo de ser esquecido pra sempre naquela maldita cela surda. Eu pensava... Porra, do gibi, como eu não gosto de pensar. Mas pensava: Se durmo, me fodo. Esses bichos me roem até as tripas. Tinha que pensar. Pensar. Ficar acordado e pensar. Por que tem rato, barata no mundo? Por que as pessoas têm que se meter na vida dos outros? Que graça tem uma mulher beber querosene? Esse Nelsão, eu queria matar ele. Sempre quis. Sempre, do gibi. Ele riu da minha mãe. E eu ali naquela merda. Merda. Merda. Fedida. Assombrado. Chorei. Chorei e chamei minha mãe. *(Querô vai ficando sentado na cama. Começa a gritar.)* Mãe! Mãe! Mãe!

(A luz começa a piscar e a girar. No outro canto do palco aparece Leda, sentada diante de um espelho cheio de lâmpadas, como de um camarim. Ela está muito bem-vestida e arrumada. Vira-se para Querô e canta sedutora.)

LEDA — Eu quero tanto, tanto
ter um precioso bem
que seja meu, meu
muito meu, meu
amor garantido
meu amor sentido

QUERÔ — *(Interrompendo a Leda.)* Por que, mãe, por que... tu me pôs no mundo? Vê o que tu fez comigo. Ah, mãe, eu nunca fui o mais forte, nem o mais bonito, nem o mais sabido. Só me trato de favor. Como de esmola. Durmo de esmola. E isso não presta. Isso deixa a gente ruim.

LEDA — Eu sei, eu sei, meu nenê... Me perdoa... Eu queria tanto, tanto, ter alguém como você... Alguém que fosse por mim... Mas, meu filho, eu não tive força pra esperar tu crescer pra me valer... pra... Oh, meu filhinho... Foi tanta sacanagem que me fizeram... *(Chorosa.)* Não deu pra esperar. Era duro, meu filho. Todas as noites eles vinham em bando, como os porcos andam na floresta, e arrotavam suas vantagens, bebiam seus triunfos, depois me arrastavam pra cama, arrancavam meu vestido, mordiam meu corpo, cuspiam suas aflições no meu ventre, babavam como porcos que eram. Depois atiravam dinheiro na minha cara, como se fosse gorjeta, como se estivessem gratificando por favor alguém que lhes deu gozo. E riam, riam, meu filho. Riam de mim. Que ficava ali jogada, despida, sem forças pra me vestir, sem forças pra sonhar... com o amor e seus prazeres... Eu me sentia um lixo, um lixo, meu filho. A última das mulheres, às vezes nem mulher me sentia... *(Chora.)* Parecia que eu ia desfalecer... Então... eu pensava em ti... em ter você... te abrigar no meu ventre... te parir... me sentir mulher... mãe... pura... mãe... ter um filho meu... meu precioso bem... E era nessa esperança que eu me nutria, me erguia e ia trabalhar... Aí, senti que tu estava dentro de mim... e gozava... só antevendo tua chegada... Mas eles, meu filho, vieram com fúria, aos bandos, como os porcos andam na floresta... E não respeitaram... rasgaram minhas roupas, me arrastaram pra cama, morderam meu corpo, me cuspiram suas aflições, jogaram o dinheiro nojento na minha cara e me empurraram, me empurraram para a garrafa de querosene e me empurraram e me forçaram a beber aquela bebida amarga, aquele fel, que me queimou inteira. E eu rolava em brasa viva e eles riam, riam, riam... e eu te chamava, te chamava... *(Pausa.)* Por culpa deles eu não pude te esperar... *(Chora.)* Perdão, meu filho.

QUERÔ — Mãe... minha mãe... deixa comigo. Eu tou crescendo. E a raiva crescendo em mim. Eu vou fazer a cobrança. Juro, mãe, pela luz que me ilumina. Vou ser o Querô, a zorra encarnada. Vou mandar ver. Eu não choro, mãe. Eu sou o Querô. Vou à forra. Com todos. Com todos. Que entre um no rabo do outro e venham pra cima de mim. Um por um, mãe. Um por um. Mãe... Mãe... Mãe...

(Luz pisca, Leda vai sumindo. Querô, delirando, vai se afastando até se deitar na cama.)

QUERÔ — *(Delirando.)* Mãe... Eu vou matar. Matar. Mãe... Mãe... Um por um... Um por um...

REPÓRTER — *(Tentando conter o Querô.)* Calma, Querô, calma. Bebe água.

QUERÔ — *(Assustado.)* Os ratos... Eles chegaram? Eles vieram me pegar?

REPÓRTER — Não. Fique calmo, Querô. Você tá com muita febre. Bebe água. Deixa eu molhar sua testa.

QUERÔ — O Nelsão... eu sempre quis matar aquele filho da puta. Juro. Eu cresci na bosta do reformatório... Dei o pinote... Fui procurar a Ju.

(Luz acende no quarto da Ju. O Querô está sentado na cama. A mulher está muito nervosa.)

JU — Foi loucura, Querô. Agora eles te pegam e te quebram de pancada. Tu tem que se mandar. Vai ter que ir embora dessa cidade. Ah, meu Deus, tu vai ficar longe de mim. No reformatório pelo menos eu ia te ver. Mas sabe lá agora se a gente vai se cruzar outra vez na vida. *(Chora.)* Mas é assim que tem que ser. Hoje eu dou um duro e descolo uma grana. Amanhã tu se manda.

QUERÔ — *(Carinhoso.)* Que nada, Ju.

JU — *(Brava.)* Que nada, que nada! Não se discute, Querô. Tu tem que se arrancar.

QUERÔ — Olha, Ju. Eu vim pra fazer um acerto. O tal de Nelsão, o Sarará, o Tainha vão dançar. Perdi muito tempo na galera. Foi dose. Vai ter a forra.

JU — Tira isso da cabeça, Querô. Não tem forra nenhuma. Esquece. Se cuida. Vai ser gente. Pelo amor de Deus. Que iria dizer tua mãe? A Leda era gente boa. Ela brigava, aprontava, mas depois tava tudo bem.

QUERÔ — Ju... Um dia, lá no reformatório... eu tava na surda... eu vi minha mãe...

(Pausa.)

JU — Fala essas coisas, não. Só de tu falar, já fico toda arrepiada.

QUERÔ — Vi. Juro que vi.

JU — Guarda pra ti isso. Não presta mexer com os mortos.

QUERÔ — Pra ti posso falar. Tu é... é... gente fina. Ela falou comigo, pode crer, Ju. Eu não tenho mais raiva da minha mãe. Nenhuma. Agora eu entendo ela. Agora sei por que ela me botou no mundo. Ela queria alguém por ela. De verdade. Eu...

JU — Mas eu sempre te disse que a Leda... Ah, Querô, não fica botando minhoca na cabeça. Tu tem que se mandar daqui e se ajeitar.

QUERÔ — Não é nada disso, não. Só agora eu entendo. Só agora. Pena que não deu pra minha mãe esperar. Mas tu vai ver, Ju. Tu vai ver. Vou meter as mãos nas armas e cagar e pisar em meio mundo. De arma, vou virar o jogo. Por essa luz que me ilumina. Vou arrebitar tudo quanto é filho da puta.

JU — Mas, pombas, tu tá louco. Será que tu não cresce?

QUERÔ — Cresci. Cresci. A raiva cresceu em mim. Por enquanto, tenho só a raiva. Mas vou meter a mão nas armas e não vou respeitar ninguém. Tu vai ver, Ju.

JU — Eu não quero ver nada disso. Não quero ver. Vai pra longe dessas quebradas. Se arruma. Se arruma como gente. Era isso que a Leda queria. Que tu se fizesse gente. Ouve bem, Querô. Eu tô arreada, cansada, no bagaço. Farta do puteiro, mas não tenho bronca de nada, de ninguém. Não espero nada. Só podia ter uma alegria. Só uma. Era te ver, tu, que eu quero como se fosse meu filho, ajeitado na vida, trabalhando, criando filho teu, com mulher, casa, tudo como gente direita, como a Leda, tua mãe, ia querer te ver. Só isso que eu queria.

QUERÔ — Ju... Ju... vou dar pra ti o que não dei pra minha mãe. Tu sai desse batente escroto.

JU — *(Chorando.)* Não é nada disso... nada disso. Toma tua linha, filho. *(Entram Sarará e Nelsão. Querô se encolhe. Ju para de chorar e fica na frente de Querô.)*

SARARÁ — *(Rindo.)* Te achei, pivete bom. Olha ele aí, Nelsão. Mal saiu de cana e já veio atrás de rabo de saia. Só que veio se tratar com uma galinha velha. Tou lhe dizendo, Nelsão, Querô é malandro. *(Ri.)* Só que tem mau gosto. Esse bagulho tá com nada. Mas isso é da conta dele, né, Nelsão? Pra nós o que conta é que deram a dica: Ele tá lá. E tá mesmo.

JU — Que estão querendo aqui?

SARARÁ — *(Rindo.)* A galinha velha se amarrou no pinto rico do pivete. Cai fora, putona! Cai fora. Nós temos um papo com o pivete.

(Nelsão agarra a Ju.)

QUERÔ — Não bota a pata nela, seu filho da puta!

(Querô avança para o Nelsão. É dominado e recebe uma tremenda surra. Sarará contém a Ju, torcendo-lhe o braço.)

JU — Pelo amor de Deus, deixem o menino. Ele... ele é que nem meu filho... Não bate nele, que eu te mato, seu corno!

SARARÁ — Cala a boca, piranha!

JU — Pelo amor de Deus! Socorro! Socorro!

(Nelsão se vira e derruba a Ju com dois socos.)

SARARÁ — É isso aí, Nelsão. Agora podemos levar papo com nosso chapinha Querô.

(Nelsão levanta o Querô e o joga na cama.)

SARARÁ — Agora escuta, Querô. Escuta bem. Faz um esforço. Tu tá meio grogue, meio amarelo. Mas isso não é nada. O Nelsão só te cutucou. Tu tá mal é de comer a lomba dessa piranha. Tu tem que meter uns fortificantes no peito, senão acaba chué. Sabe, uma batida de ovo com mel, conhaque e leite levanta até pau de defunto. Mas deixa pra lá. O assunto é o seguinte. Tás me ouvindo? Sei que tá. Tenho quase certeza. Tu se pinoteou do reformatório. E fez bem. Aquilo lá não dá camisa a ninguém. Agora eu e o Nelsão vamos te dar estia. Somos teus chapas. Podíamos te recolher, mas não vamos. Nem nós, nem ninguém. Eu e o Nelsão te garantimos. Tá contente? Mas amigo é pra essas coisas. Vamos te deixar à vontade. Tu pode deitar e rolar. Vai se dar bem com a tua malandragem. Naquela tua manha. Pode ser chavecando gringo bêbado, suando bicha, batendo carteira. Tu que sabe. Boto fé na tua competência. Eu e o Nelsão toda noite te esperamos lá no Leite da mulher amada. Tu vai lá e dá uma quina pra mim, uma quina pro Nelsão. Uma milha pra ti, ajudado por essa piranha, é baba de quiabo. Entendeu? Tenho quase certeza que entendeu. Um milhão, Querô. Um milhão toda noite. Essa grana vai ajudar eu e o Nelsão, que não temos nenhuma puta velha pra adiantar o nosso lado. Temos que dar duro no batente. E não é fácil, não. Querô, a vida anda custando os olhos da cara. Vamos, Nelsão. Mas, antes, dá um até logo pro nosso sócio.

(Nelsão dá dois socos na barriga do Querô. Sarará ri. Os dois saem.)

JU — Tu tem que se arrancar, Querô.

QUERÔ — Não, Ju. Tenho mais é que ficar.

JU — Pelo amor de Deus, foge. Vou me mexer, arrumar dinheiro. Hoje mesmo tu pega a reta.

QUERÔ — Que nada! Tu viu... Tenho um apontamento com os homens.

JU — Vai dar moleza pra eles? Tu tá louco? Depois eles vão querer que tu caguete gente. Não pode, Querô. Tu é um fixo. Não pode se arreglar com esses filhos da puta.

QUERÔ — Eu sei, Ju. Deixa comigo.

(Luz apaga na Ju e acende no Tainha. Querô se aproxima.)

TAINHA — Qual é a tua, Querô?

QUERÔ — Preciso levar um papo contigo.

TAINHA — Que tu quer comigo? Quando tu foi em cana, fez uma onda, não sei o quê, tal e coisa. Achei até que se tu fosse de alguma merda, tinha me feito naquele dia.

QUERÔ — Naquele dia eu não era. Agora sou mais eu. Sei das coisas.

TAINHA — Quê? Só por que fugiu do reformatório? Tás com nada. Parece um pedidor de esmola. Tás mal.

QUERÔ — Tu tá legal.

TAINHA — E tou mesmo. Sou o Tainha. Sempre fui.

QUERÔ — Cagueta tem vida boa.

TAINHA — Escuta aqui, ô Querosene, se te arrebitaram o rabo lá no reformatório, é melhor tu se acostumar e virar dadeiro. Porque se pensa que vai folgar comigo, tás enganado.

QUERÔ — Querosene, seu viado, cagueta, boi de bico, penico de tira e filho-de-uma-cadela, é a puta que te pariu! Tu pensa que tá bonito, mas pode se danar aqui mesmo.

TAINHA — Olha como fala, Querosene de merda. Quem tu pensa que sou? Um bunda-mole do teu naipe? Te meto a mão na cara e te esculacho. Por isso, cuidado comigo, veadinho de reformatório.

QUERÔ — Tou te estranhando, Tainha. Pra arreglado de tira, tu tá falando muito grosso.

TAINHA — Pois é, Querosene. Tou perdendo um tempo contigo de dó. Tu tá um lixo. Olha tua roupa, teu sapato. Que merda. Vê eu. A beca. O pisante. E o que tu come? Lavagem? Resto do china? Pergunta pra mim onde eu como. Só do bom e do melhor. Me trato. Mas mereço. Sou esperto. Agora tu pega sobra. Tem mulher? Não. Eu tenho montes delas.

QUERÔ — Que tu faz pra arrumar grana? Chupa cona de puta rampeira?

(Tainha mete a mão no bolso da japona e tira um saco plástico.)

TAINHA — Vivo disso.

QUERÔ — Coca?

TAINHA — Pois é. Passo pra uns meninos que cuidam disso. Tou bem. Trato direto com o dono do pedaço. Não vou te dizer quem é. Mas tu manja ele. O homem vai por mim. Me deu um ponto pra cuidar. A grana corre. Um pouco fica na minha mão. Dá pro gasto. O luxo, o mulherio me garante. Sou gostoso.

QUERÔ — De rabo. Mas não mexe. Vende esta bosta onde?

TAINHA — Onde der. Ou tu queria que eu abrisse uma loja pra vender o pó? Tem que ser nas encolhas, otário. Bandeira é sujeira.

QUERÔ — Só que no esquisito tu pode se dar mal. Bunda-mole como tu é, fica mostrando o saquinho, acaba só com os dedos. Te tomam tudo.

TAINHA — Quem tiver culhão pode correr dentro. Comigo não, Querosene. Nem tu, nem ninguém tira chinfra. Se me invoco, apronto. Se quiser pode vir.

QUERÔ — Se acanha, bestalhão, e para de bancar o homem.

(Tainha puxa um revólver.)

TAINHA — Olha pra isso, Querosene. Que me diz agora?

(Pausa longa.)

QUERÔ — *(Admirado.)* Onde tu arrumou?

TAINHA — É do trampo. O homem me deu. Só pra garantir o ponto. Pode aparecer algum otário como tu e querer me bagunçar. O homem acredita em mim. Mas pode ter quem duvide. Com o trinta e oitão, não tem quás-quás-quás pro meu lado.

QUERÔ — Porra, até tou acreditando em ti, Tainha.

TAINHA — É pra acreditar mesmo. Sou mais eu. Agora tu tem que se mancar. Fazer que nem eu. Quando posso, sou leão. Quando não posso, sou raposa. Mas se tu, que tá na bosta, ficar se bacaneando, vai se avacalhar mais. Vai acabar caído na guia com cachorro mijando na tua cara.

QUERÔ — Tu deu sorte.

TAINHA — Sorte, o caralho! Fui esperto, Querosene. Esperto.

QUERÔ — É... Tu é vivo.

TAINHA — Sou mesmo. Ainda bem que tu reconhece.

QUERÔ — Que marca é?

TAINHA — Taurus.

QUERÔ — Trinta e oito.

TAINHA — Valente.

QUERÔ — Como abre o tambor?

TAINHA — Aperta aqui. *(Abre.)* Pronto.

QUERÔ — *(Chegando mais perto.)* Quantas balas cabe aí?

TAINHA — Seis.

QUERÔ — Tem todas?

TAINHA — Por enquanto.

QUERÔ — Deixa eu ver.

(Querô mete a cabeça bem perto do revólver, agarra a arma e dá uma cabeçada no Tainha, ficando com o revólver.)

TAINHA — *(Caído.)* Que sacanagem é essa, Querosene?

(Querô dá um pontapé no Tainha.)

QUERÔ — Querosene é a puta que te pariu! Eu só quero ver essa merda. Seu cagueta nojento! Eu sou o Querô. Pra ti sou Seu Querô. Viu bem? Seu Querô.

TAINHA — Tu vai me sacanear?

QUERÔ — Não. Só quero ver esta porra.

TAINHA — Tu tava vendo.

QUERÔ — Quero ver do meu jeito.

TAINHA — Se tu pedisse, eu mostrava.

QUERÔ — Não enche o saco. Tou olhando e quero sossego.

(Pausa longa.)

TAINHA — Já é tarde.

QUERÔ — Quero que se dane. Não vou a lugar nenhum. Não tenho pressa.

TAINHA — Mas eu tenho. Preciso me mandar.

QUERÔ — Se aguenta aí.

(Pausa.)

TAINHA — Poxa, Seu Querô. Tenho que ir.

QUERÔ — Vai. Não tou te segurando.

TAINHA — Então dá o revólver.

QUERÔ — Pega.

(Tainha vai pegar o revólver. Querô dá uma porrada com o cano na mão do Tainha.)

QUERÔ — Mandei tu pegar no meu pau.

(Pausa. Tainha finge que acha graça.)

TAINHA — Dá pra cá o revólver. Tenho que ir.

QUERÔ — Que nada, Tainha. Antes de tu ir, tu vai me chupar o pau.

TAINHA — Tu não pode fazer isso comigo.

QUERÔ — Só que posso e vou fazer. Tu é cagueta e vai se esculachar de vez.

TAINHA — Pô, Querô...

QUERÔ — Seu Querô!

TAINHA — Pô, Seu Querô...

QUERÔ — Quieto. Cala a boca. Bicha. Escroto. Cagueta. Só fala quando eu mandar.

(Pausa longa.)

QUERÔ — Tu já atirou com essa merda?

TAINHA — Não. É novinha.

QUERÔ — Então vou tirar o cabaço.

(Mira na testa do Tainha. Luz pisca e o Tainha vai caindo lentamente, com os olhos arregalados. Quando chega no chão, luz volta ao normal. Querô se abaixa junto dele, recolhe o saco plástico. Vai sair. Volta. Fecha os olhos de Tainha. Luz apaga no Querô e no Tainha e abre no cabaré "O leite da mulher amada". Cantora canta "A pomba roxa ardente".)

CANTORA

Ei, chegue mais perto
bem mais perto
mais perto, mais perto
Eu tenho o coração aberto
Tenho entre as pernas uma fornalha
Eu sou a pomba roxa ardente
a grande mãe indecente
a irmã ausente

a santa bandalha
sempre calada, no cio
sempre alerta de plantão
pra falar de amor
com quem de amor
não tem recordação
Venha como tantos vieram
feridos de amor me procuraram
querendo embrulhar a solidão
nos pálidos lençóis do meretrício
Amar é meu ofício
Ou será meu vício
Amo, amo com sofreguidão
Venha ser mais um
um entre tantos
a se sentir o único
e eu não esquecerei nenhum
e não há quem me esqueça
Martelarei sua cabeça
para sempre, eternamente
com a pomba roxa ardente
que é festa, lar, esposa adorada
Venha, venha como todos
venha se divertir
venha se nutrir
no leite da mulher amada
Venha, venha como todos
Eu te espero
Eu te quero
Entre as pernas tenho uma fornalha
Eu sou a pomba roxa ardente
a grande mãe indecente
a irmã ausente
a santa bandalha

(Os fregueses do cabaré dão pouca atenção pra cantora, conversam entre si ou com as mulheres. Nelsão e Sarará estão misturados com os fregueses, bebendo à vontade. De repente, entra o Querô. Está visivelmente transtornado, com o olhar percorre o ambiente. Uma das mulheres que está sentada de costas se levanta e, dançando, se aproxima do Querô. É a Leda. É uma visão que só o Querô vê. Ela dança sedutora em volta dele, bem sensual.)

LEDA — *(Sedutora.)* Meu filho... Vem, meu filho... Vem... vem... vem...

QUERÔ — *(Muito excitado sexualmente, gritando.)* Oi, da polícia, como é que é?

(Querô, que traz a arma dentro da calça, aperta-a como se fosse seu sexo.)

NELSÃO — É o filho da puta do Querô.

(Leda, dançando, provoca Querô. Sarará contém o Nelsão.)

SARARÁ — *(Afetado.)* É mesmo. Nosso chapinha Querô.

NELSÃO — Tá dando bandeira.

(Leda excita o Querô, se enrosca nele. Só ele vê.)

SARARÁ — É. O pivete tá meio aparecido. Mas não tem nada, não. Com o tempo ele aprende a ser mais maneiro. Acaba aprendendo. A gente ensina. *(Para o Querô.)* Eu e o Nelsão tamos aqui mesmo te esperando. Fazia tempo que tu não se apresentava.

(Querô não sai do lugar. Continua sendo excitado por Leda.)

QUERÔ — Agora tou aqui.

SARARÁ — Tá. Tou te vendo.

QUERÔ — E vim a fim de acertar nossas contas.

(Pausa longa. Leda ri e some.)

SARARÁ — *(Rindo repentinamente.)* Assim é que é. Legal. Não te falei, Nelsão, que o Querô não ia deixar a gente em falta? Não falei? Eu sabia. Tinha quase certeza. Falei pro Nelsão: Ele demora, atrasa, mas acaba vindo pro apontamento. Compareceu. Pivete bom. Não tem bronca. Nenhuma. Querô, tu é gente fina. *(Ri.)* Olha só a cara assustada dele, Nelsão. *(Ri.)* Chega mais, Querô. Relaxa. Acho que ele tá com medo de ti, Nelsão. *(Ri.)* Vem pra cá, pivete, tudo bem. O Nelsão só é bravo pra quem falha com a gente. Tu atrasou, mas veio. Dá o nosso e pode ficar aqui como se estivesse na tua casa.

(Pausa longa.)

NELSÃO — Como é que é, pivete? Vai ficar aí plantado?

QUERÔ — Não, rato nojento. Vou dar o teu. O que tu merece. A tua parte tá aqui. *(Puxa a arma e atira no Nelsão.)* Toma, filho da puta. Toma.

(Há corre-corre entre os fregueses. Nelsão, mesmo baleado, saca a arma. Querô avança atirando. Nelsão cai. Sarará, abaixado atrás de uma mesa, atira no Querô. Acerta o ombro e a perna do Querô, que revida atirando no Sarará. Atingido no braço, Sarará se joga no chão. Há gritaria, alvoroço. Leda, no palco do cabaré, canta "Meu precioso bem".)

QUERÔ — Ninguém chega perto de mim. Ninguém encosta, que eu grampeio. Já fiz o serviço. Já ganhei quem queria. Mas ninguém chega em mim, que leva teco. Vou de pinote.

(Leda ri. Cantora canta "A pomba roxa ardente". Sai Querô. Luz apaga no cabaré e acende na cena do Querô com Ju.)

QUERÔ — Ju... Ju... Fiz eles.

JU — Pelo amor de Deus, tu tá baleado!

QUERÔ — Mandei o Nelsão pras picas. Mandei, Ju. O Sarará também recebeu uma. O Nelsão dançou. Fui eu, Ju.

JU — Tu tem que se cuidar. Tá perdendo todo o sangue. Querô, que é que tu foi fazer? Agora eles vêm com tudo. Vou te moitar. Cuida dessas balas e depois some no mundo. Vem, Querô. Dá pra andar? Vem comigo. Meu Deus, se eles te pegam...

QUERÔ — Se me pegam, que se dane! Que se dane, Ju! Fiz meu papel. Não me entreguei. Não me rendi. Ju, fiz e aconteci... Fiz minha parte... Eu fiz... Sou um fixo...

(Ju fica parada, o Querô vai berrando que é um fixo até a cama ao lado do Repórter. Querô, em delírio total, berra alucinado.)

QUERÔ — Mãe! Mãe! Eu sou um fixo! *(Surge Leda, que gargalha.)* Eu fiz minha parte... Mãe...

(Leda ri. Querô tenta abraçá-la. O Repórter quer segurá-lo, ele se livra e persegue Leda, que dança pelo quarto seguida pelo Querô desesperado. Leda ri sedutora. Aparecem Violeta, Nelsão, Tainha, as mulheres, num grande balé obsessor que atormenta Querô.)

QUERÔ — Eu fiz minha parte... Eu matei, eu matei... Eu mato... Eu sou o Querô... Eu sou o Querô...

(Querô persegue Leda e se defende dos obsessores. Por fim, esgotado, cai na cama e chora, o balé some.)

QUERÔ — Ai... Ai, do gibi... Eu tô sufocando... Tenho sede... Me dá água... Eu... eu... tou...

(Repórter dá água para Querô e o ajeita na cama.)

QUERÔ — Eu quero dormir, do gibi. Se eles... Me ajuda... Se eles chegarem, tu me acorda... Não deixa eles me pegarem dormindo... Tenho medo de dormir. Se eu dormir, me acorda.

Se eu dormir... Me ajuda... Tu... Me pega água... Me molha o olho. Eu tou com frio. Eu toda hora vejo a minha mãe... É tanta zorra. Tu acredita em fantasma? É tudo besteira... Eu é que fico cismado. E o Tainha também, toda hora eu vejo... Porra, não se perdeu nada. Ele era cagueta. Mãe... minha mãe... Não gosto de cagueta... A história que eu mais gostava... de escutar a Ju contar... era a de um vagau encardido... que arrancou a língua de um cagueta que entregou ele. Eu... tou com sono... Se eu dormir... Eu...

(Querô morre.)

REPÓRTER — Querô! Querô! Querô!

(O Repórter cobre o corpo do Querô com os trapos. Fica um tempo como se rezasse. Apanha o gravador e vem pra boca de cena. Os homens, comandados pelo Sarará com o braço na tipoia, cercam a Ju.)

JU — *(Chorando.)* Me mate! Me mate! Mas não posso... não posso... Ele é como meu filho... como meu filho...

SARARÁ — *(Terrível.)* Onde ele está? Onde ele está?

JU — Não! Não! Pelo amor de Deus!

SARARÁ — Onde ele está?

JU — Não sei.

SARARÁ — Ela sabe.

(Os homens agarram a Ju pelo braço e a giram. Tem início o balé da tortura. Por fim Ju é atirada no chão. Os homens se voltam para o Querô e descarregam suas armas nele. Depois os homens vão saindo lentamente, um a um. O silêncio deve ser quebrado apenas pelos soluços da Ju. Depois de um tempo, o Repórter, serenamente, se dirige ao público.)

REPÓRTER — Era de tardezinha, quando os homens, com suas armas, encontraram o Querô. Mas já não era necessário despejarem o veneno de suas metralhadoras no corpo inanimado. Querô já estava caído pra sempre. Assim mesmo, despejaram ódios no pequeno bandido. E ele ficou lá caído para sempre. Ou caído até o dia em que, animado pela virilidade espiritual transformadora, ele e outros como ele se ergam das cinzas onde se sufocam, das chamas onde se ardem, das fomes onde se desesperam, dos cubículos onde são empilhados, espremidos, esmagados de corpo e alma, nos sórdidos recantos onde se degeneram e venham cobrar de nós, cidadãos contribuintes, as ofensas todas que em nome de nossos tesouros, de nossos privilégios, de nosso conforto, fizemos à dignidade humana.

DADOS BIOGRÁFICOS

Nascido em Santos em 29 de setembro de 1935, morreu em 19 de novembro de 1999 em São Paulo.

Trabalhou na estiva, foi jogador de futebol e camelô, entre vários ofícios.

A carreira artística começou no circo, no Pavilhão Teatro Liberdade.

Em 1958 era o palhaço Frajola e nem imaginava escrever uma peça, mesmo porque só tinha concluído o primário...

Um caso ocorrido na cadeia de Santos, no entanto, levou-o a escrever na forma que conhecia: o diálogo.

Nasceu *Barrela*, numa linguagem absolutamente revolucionária.

Foi mostrada a Pagu, Patrícia Galvão, e a Paschoal Carlos Magno, e estourou. Foi proibida durante 21 anos.

Em 1963 casou-se com Walderez de Barros, atriz que fez várias de suas peças.

Ficaram juntos por mais de vinte anos e tiveram três filhos: Léo Lama, Kiko de Barros e Aninha.

Em 1966, escreveu *Dois perdidos numa noite suja*.

Havia escrito outros textos (*Os fantoches*, *Reportagem de um tempo mau*, *Quando as máquinas param*).

Transferiu-se para São Paulo, onde começou a trabalhar na Companhia Cacilda Becker e, depois, como técnico na extinta TV Tupi.

Na esteira de *Dois perdidos* vieram *Navalha na carne*, 1967, *Homens de papel*, 1968, e *O abajur lilás*, 1969, marcos na luta contra a censura.

Viveu o antológico Vitório, da novela *Beto Rockfeller*.

Nos anos 1970 Plínio foi impedido de trabalhar inclusive na imprensa; teve atuação contundente em veículos como *Última Hora*, *Veja* e *Folha de S.Paulo*.

Escreveu *Balbina de Iansã*, 1970, e *Oração para um pé de chinelo*, 1969.

Em seguida, dedicou-se à prosa com *Histórias das quebradas do Mundaréu* e *Querô, uma reportagem maldita*, melhor romance de 1976 (APCA), que ganhou, mais tarde, versão dramatúrgica.

O poeta da Vila e seus amores reverencia Noel Rosa em 1977.

Em 1979 surge a opereta *Feira-livre* e *Sob o signo da discoteca*.

No início da década de 1980 cria uma cooperativa de atores, *O bando* que encena *Barrela*, *Jesus-homem* e *Dois perdidos*.

Escreve a trilogia *Inútil pranto e inútil canto pelos anjos caídos*, reunindo três temas: o índio, o encarcerado e o boleiro.

A religiosidade eclode forte em *Madame Blavatsky* (1985) e mais sutil em *Balada de um palhaço* (1986), retomando as raízes circenses.

A mancha roxa (1988) retoma a vigorosa linguagem inicial.

Nos anos 1990 dedica-se também ao tarô e a outros temas místicos.

O assassinato do anão do caralho grande (1992) retoma o circo em prosa e em versão dramatúrgica. *O homem do caminho* (1996), revelando a alma cigana, também.

Outros títulos recentes abordam a sexualidade, a burguesia como alvo: *A dança final* (1993) retrata um casal em bodas de prata e *O bote da loba* (1997) confronta uma burguesa e uma cigana.

ChicoViola (dos anos 1980 com a última versão inacabada em 1997) joga luzes sobre Francisco Alves.

Em 1999, o circo e a cultura cigana ressurgem no livro de contos *O truque dos espelhos*, escrito em janeiro/fevereiro e lançado em setembro.

Há outros títulos do autor, como *Na barra do catimbó*, *Na Aldeia do Desconsolo*, *Prisioneiro de uma canção*, *Verde que te quero verde*, *Alma do Rio*, *Índio quer apito*, *Leitura capilar* (peças curtas); *Nenê Bandalho* e *A Rainha Diaba* (argumentos para cinema).

Algumas de suas peças foram adaptadas para cinema, como *Navalha*, *Barrela* e *Querô*. Há ainda títulos infantis para o teatro, como *Assembleia dos ratos*, *As aventuras do coelho Gabriel*, *História dos bichos brasileiros*, *Seja você mesmo* (inacabada).

Às vésperas do novo século, Plínio se autodefiniu como um contador de histórias e se dedicou sobretudo a andar pelo país dando palestras e cursos, em parceria com sua mulher, a jornalista Vera Artaxo.

OBRAS

Teatro Adulto

1. *Barrela* (1958)
2. *Os fantoches,* 1ª versão (1959)

   Chapéu sobre paralelepípedo para alguém chutar, 2ª versão (1965)

   Jornada de um imbecil até o entendimento, 3ª versão (1969)
3. *Reportagem de um tempo mau* (1965)
4. *Dois perdidos numa noite suja* (1966)
5. *Navalha na carne* (1967)
6. *Quando as máquinas param* (1967); a 1ª versão chamava-se *Enquanto os navios atracam* (1963)
7. *Homens de papel* (1968)
8. *O abajur lilás* (1969)
9. *Oração para um pé de chinelo* (1969)
10. *Balbina de Iansã* – musical (1970)
11. *Feira livre* – opereta (1976)
12. *Noel Rosa, O poeta da Vila e seus amores* – musical (1977)

13. *Jesus-homem* (1978); a 1ª versão chamava-se *Dia virá* (1967)

14. *Sob o signo da discoteque* (1979)

15. *Querô, uma reportagem maldita* (1979); adaptação para teatro do romance do mesmo título, escrito em 1976

16. *Madame Blavatsky* (1985)

17. *Balada de um palhaço* (1986)

18. *A mancha roxa* (1988)

19. *A dança final* (1993)

20. *O assassinato do anão do caralho grande* (1995); adaptação para teatro da novela do mesmo título

21. *O homem do caminho* (1996); monólogo adaptado de um conto do mesmo título, originalmente intitulado *Sempre em frente*

22. *O bote da loba* (1997)

23. *Chico Viola* – há várias versões anteriores, a última versão é de 1977 (inacabada)

Textos Curtos

24. *Verde que te quero verde* (1968); texto curto que fazia parte do espetáculo Feira Paulista de Opinião, que reunia textos de dramaturgos censurados

25. *No que vai dar isso* (setembro de 1994)

26. *Índio não quer apito ou Nhe-nhe-nhem* – publicado na Revista *Mais*, do jornal *Folha de S. Paulo*, em 11 de junho de 1996; há fragmentos de uma 1ª versão com o título de *Moderna História do Índio no Brasil*, s.d.

27. *Leitura capilar* – publicado na revista *Caros Amigos*, maio de 1997 – ano I, nº 2, p. 14.

28. *A alma do rio* – encenada no Sesc Pompeia, SP, no movimento pela despoluição do rio Tietê, 1991

Teatro Infantil

29. *As aventuras do coelho Gabriel* (1965)
30. *História dos bichos brasileiros*, ou *O coelho e a onça*, ou *Onça que espirra não come carne* (1988)
31. *Assembleia dos ratos* (1989)
32. *Seja você mesmo* (1998) (inacabada)

Observações

Há um texto inédito, escrito em 1969, intitulado *A noite das diabas*, que seria uma versão feminina de *Barrela* e que de fato resultou na peça *A mancha roxa*.

Em 1992, o ator Cacá Carvalho fez um espetáculo intitulado *Vinte e cinco homens*, que é uma dramatização do conto *Inútil canto e inútil pranto para os anjos caídos em Osasco*, dramaturgia e direção de François Kahn, do Centro per la Experimentazione e la Ricerca Teatrale de Pontedera, Itália. Esse texto não deve, portanto, ser incluído na sua obra teatral, e sim literária.

Em 1975, Ademar Guerra dirigiu uma adaptação para dança de *Navalha na carne*, para o Balé Stagium, coreografia de Décio Otero, com Márika Gidalli (Neusa Sueli), Décio Otero (Vado) e Milton Carneiro (Veludo). Como o texto de *Navalha na carne* estava proibido pela Censura Federal, o espetáculo foi intitulado *Quebradas do mundaréu*.

BIBLIOGRAFIA

Navalha na carne. 1ª ed. ilustrada. São Paulo: Senzala, 1968. (teatro – esgotado)

Quando as máquinas param. 1ª ed. São Paulo: Obelisco, 1971. (teatro – esgotado)

Histórias das quebradas do mundaréu. Rio de Janeiro: Nórdica, 1973. (contos publicados no jornal *Última Hora* – esgotado)

O abajur lilás. 1ª ed. São Paulo: Brasiliense, 1975. (teatro – esgotado)

Barrela. 1ª ed. Símbolo, 1976. (teatro – esgotado)

Uma reportagem maldita – Querô. 1ª ed. São Paulo: Símbolo, 1976, edições posteriores até a 8ª, edição do autor.
8ª ed. São Paulo: Maltese, 1992.
9ª ed. São Paulo: Publisher Brasil, 1999.

Inútil canto e inútil pranto pelos anjos caídos. 1ª ed. São Paulo: Lampião, 1977. (contos)
2ª ed. Edição do autor, s.d.

Dois perdidos numa noite suja. 1ª ed. São Paulo: Global, 1978. (teatro)
2ª e 3ª ed. São Paulo: Parma, 1984.

Oração para um pé-de-chinelo. Edição do autor. s.d. (teatro)

Jesus-homem. 1ª ed. São Paulo: Ed. do Grêmio Politécnico, 1981. (teatro)
2ª ed. Edição do autor, 1982.

Prisioneiro de uma canção. Edição do autor. 1982. (contos autobiográficos)

Navalha na carne e *Quando as máquinas param*. 2ª e 3ª ed. São Paulo: Parma, 1984. (teatro)

Homens de papel e *Barrela*. Edição do autor. 1984. (teatro)

O abajur lilás e *Oração para um pé de chinelo*. Edição do autor. s/d. (teatro)

Na barra do catimbó. Edição do autor. 1984. (romance)

Novas histórias da barra do catimbó. Edição do autor. s.d. (contos)

Madame Blavatsky. Edição do autor. 1985. (teatro)

Balada de um palhaço. Edição do autor. 1986. (teatro)

A figurinha e soldados da minha rua – histórias populares. Edição do autor. 1986. (relatos autobiográficos)

Canções e reflexões de um palhaço – textos curtos: O ator, As visões (poema), Sempre em frente, O ideal (poema). Edição do autor, 1987.

A mancha roxa. Edição do autor. 1988. (teatro)

Trilogia maldita: Barrela, Dois perdidos numa noite suja e O abajur lilás. São Paulo: Maltese, 1992. (teatro)

A dança final. 1ª ed. São Paulo: Maltese, 1994.

Na trilha dos saltimbancos – 1º caso: O assassinato do anão do caralho grande. Edição do autor. 1995. (conto)

O assassinato do anão do caralho grande. 1ª ed. São Paulo: Geração Editorial, 1996. (noveleta policial e peça teatral)

Figurinha difícil – pornografando e subvertendo. 1ª ed. São Paulo: Senac, 1996. (relatos autobiográficos)

O truque dos espelhos. 1ª ed. Belo Horizonte: Una Editora, 1999. (contos autobiográficos)

Observações

O texto *O ator* também foi publicado, em forma de cartaz, pela Nossa Caixa, São Paulo, 1988.

O texto *Ei, amizade!* (não publicado) foi escrito a pedido de Drauzio Varella e gravado em vídeo por Plínio Marcos para ser exibido aos detentos da Casa de Detenção, São Paulo, em Campanha para Prevenção da Aids no presídio.

O texto *A vocação*, publicado esparsamente, é um monólogo do personagem Bobo Plin, da peça *Balada de um palhaço*.

BIOGRAFIA

Ilka Marinho de Andrade Zanotto nasceu em São Paulo, em 1930. Bacharel em Filosofia pela Universidade de São Paulo (USP) e em Letras e Biblioteconomia pela Pontifícia Universidade Católica (PUC), cursou a AED e foi crítica de teatro do jornal *O Estado de S. Paulo*, das revistas *Visão*, *IstoÉ* e da *TV Cultura*; foi presidente da Associação Paulista dos Críticos de Arte (APCA) e do Conselho de Artes Cênicas do Memorial da América Latina. Prêmio *Van Jaffa* de Jornalismo de Teatro do Serviço Nacional de Teatro (SNT), em 1976.

Escreveu centenas de artigos. *The New Theatre*, antologia editada por The Drama Review, Nova York, NY, publicou dois artigos seus: "An audience structured for the balcony" e "The voyage".

ÍNDICE

GRÁFICA PAYM
Tel. (011) 4392-3344
paym@terra.com.br